恋上民宿

恋上旅途中的家

詹育雯 著

江苏凤凰科学技术出版社

前 言

到访过三十几个国家和地区，被朋友问得最多的问题就是：

“去过的地方中，你最喜欢哪个地方呢？”

我一贯的回答是：没有最喜欢，也没有最讨厌。更精确一点的答案，其实是我通常只记得旅途中印象最深刻的片段，而且大都是旅途中的“人”与“住宿”所带给我的，喜不喜欢这个地方倒无所谓了。

为自己与旅伴规划旅途时，最开心的事就是找到一个很棒的民宿或旅馆。一天睡眠要七八个小时，再加上进出与休息，几乎占了一天中大部分的时间，所以住宿规划也就非常重要。某天，我掐指一算，从小到现在住过的旅馆、民宿、青旅、airbnb（爱彼迎）等，通通加起来应该超过了四五百间。人生中有许多充满回忆的场景，也发生在其中，例如与好友的久别重逢。

很久以前我就因预算因素舍弃连锁饭店、商务旅馆，一头钻进巷弄，寻访一砖一瓦由自己砌起来，不需大山大水的陪衬就自成一格的民宿。没有大饭店入住时的繁复流程，民宿主人可能还在庭院中打扫狗屋，看到你到来，临时用围裙擦擦双手就冲过来，热情用力地一握，让远道而来的我感到非常暖心，因为那汗水是有温度的。

市面上已有许多民宿相关书籍，大多是介绍特色民宿或从经营层面下笔，较少由旅人角度出发，针对如何预订一家好民宿给出相应的实用性建议。近几年，特色民宿百花争艳，面对市场上越来越多的选择，对于旅人来说是个好消息，也是个坏消息。好消息是种类越多越能满足不同层面的住宿需求；坏消息则是网络虚虚实实，许多人抵达预订的民宿后却是噩梦的开始，开始抱怨网上过于美化这家民宿……

其实民宿并不是贵就是好。因为“适不适合”“性价比高不高”“值不值得房价”“满不满意”等价值观，已经深入网络时代的人心。而好民宿的标准，不管是在哪个国家、哪片土地，都是一样的。因此我试图以旅人的角度来剖析入住经验，为大家提供参考，同时为经营业者提供一些营运方面的意见。若你是以下族群，这本书或许刚好适合你。

◎ 热爱自助旅游的人；

◎ 喜爱认识新朋友，交流文化的人；

◎ 喜爱自行搜寻旅游资讯的人；

◎ 经常策划个人或家庭旅游的人；

◎ 28 ~ 50 岁，处于事业黄金期但准备开民宿创业的青壮年；

◎ 偶尔想逃离都市繁华的人。

最后，祝愿各位都能找到心中最理想的民宿。

詹育雯

目 录

第一章

旅游达人点醒你

民宿跟旅馆有何不同

相不相信？“住宿费”不仅在旅游费用中排名第二（第一名基本上是交通费），也是左右我们出游时心情好坏的关键。我曾在东南亚某国住过一间民宿，其浴室之破旧、脏乱，超乎想象，除了每天一出民宿就不想回来外，还要在洗澡时关上灯又闭着眼睛，才能在入睡时不做噩梦。两天后的一大早，开心地拉着行李往外逃，结束了两天的噩梦。事后回想，这是我第一次自助旅行，在挑选住宿上还没有充足经验，早一点“摔跤”也是好的。当时还没有这么多订房网站，旅人要凭一个简单的民宿网站，判断出居住质量好坏简直是天方夜谭。幸好，现在我们拥有许多工具，随时都能从书本、网站上获得前人的经验，大大降低了出游时误踩陷阱的概率。

我曾半夜从机场坐着大巴，疲惫地赶往下榻处，而民宿主人站在大风雪中仅靠一支手电筒，痴痴地等着我。一进民宿还有两只可爱的大狗，用力摇着尾巴扑过来，打开房间可爱的门后，已有温暖的大床等着抚慰正受时差之苦的我。虽然设备说不上是顶级，但空气中飘着木头香（还有点狗毛）的温馨小屋，却是我最喜欢的民宿之一。

如果不想让住宿坏了兴致，你可以多做功课或是多住几家累积经验，或者跟着本书学一招半式，自此出游都自带信心，越住越有心得，如果能做到如数家珍地推荐给好友时，你也就成了大家心中的民宿达人了。

第一节 民宿的前世今生

A 中国历史上的旅馆

要谈民宿，首先要了解“旅馆”的由来。

旅馆在我国出现的时间很早。据《周礼》记载，早在商周时期旅馆的雏形就存在了。最初出现的“驿亭”是周朝的官办招待所，每十里（现代约5千米）设有简易房舍的“庐”；每三十里（约15千米）设有“路室”；每五十里（约25千米）设有“候馆”等可住宿的招待所，以供往返的差役休息。

也就是说，现代旅馆的前身——驿亭，早在两千多年前就出现了。

这些供官府使用的驿亭，最初可能只是个可歇息的小屋子，也有让马匹休息的马房。这些旅馆的前身，可是有用户身份跟功能之分的，有些称作“馆”，是用来接待高等官员用的，可不是任何人想入住都行，还需有官方认可的通行证。《周礼·地官·掌节》中明确记载：“凡通达于天下者，必有节以传辅之，无节者，有几则不达。”其中“节”就是类似现代的通行证或护照，未持有“节”的人除遇检不得放行外，也无法入住官办的“馆”。

不只官办，民营旅店也逐渐出现在市场。汉代时期旅店的功能发展日趋完全，城内开始出现了“谒舍”这种平民旅店，供往来做小生意的商人入住。虽然这类民营旅店的服务与硬件，比不上官办的“传舍”，但脑筋动得快些的民间老板也开始供应酒菜、歌舞等，让疲惫的旅客劳累一天后能放松休息，还能口耳相传帮忙招来更多客人。在宋代，往来送信的官差们凭着朝廷发下的住宿令牌，走到哪都能免费入住官办的“驿亭”，包吃包住。

不管朝代怎么演变，到旅店“开房间”皆要遵守严格的住宿登记制度，除了要验明旅客身份，旅店也要定期上缴入住者的名册以备查验。原来古代人跟现代人一样，没有身份证明是无法任意投宿的。有些朝代甚至严格规定，单人不可投宿，导致旅店掌柜还会私下凑集不认识的旅人一同登记，以免到手的生意没了。

外国民宿形态的演变

欧洲最早的休闲度假风潮，是由18世纪的欧洲贵族带起的。当时有钱有时间的贵族们，在休闲娱乐方面的需求快速增长，遂带动了乡村度假、深度旅游的风气，间接刺激了乡间居民开始提供住宿、餐饮服务，贵族们也在乡间购置度假小屋，省去大批人马随行及行李搬运的麻烦。随着时代的演进，旅游成为一种不分阶级的娱乐方式。

欧洲在几经变革后，开始积极引导农业转型，鼓励农闲时能多经营其他产业，许多人纷纷开起了民宿或露营机构。但民宿仅仅是农牧场的“副业”而已，每年还有固定休业时间，许多国家都有避免农场转变成专业旅馆的措施，规定了床位上限，一旦超过限制，除了无法享有减免税赋的优惠外，还要接受旅馆法令的惩罚。所以现在欧美、新西兰、澳大利亚等地的常见民宿，几乎都是农牧场用闲置农舍改造的。至于人口更稀少的北欧，一到人烟稀少的地带，想找到住宿的话，多半还需先找到农庄。

发达国家高龄阶层较为富裕，退休后喜欢回归田园的简单生活，农场民宿的旅客也以“退休银发族”为主，例如英国、德国、美国等国的农场，本身会依经营特性，提供如骑马、牧羊、餐饮、打猎、餐饮、采菇、垂钓等别具特色的服务，让旅客体验自然野趣，这也是农闲时重要的收入来源。土地更为广阔的新西兰、澳大利亚两国，畜牧业非常发达，牛羊数量比总人口还要多，许多大型农场同时也经营观光事业，借地利之便，这两国的牧场民宿每年接待为数众多的亚洲观光客，尤其中国旅客与日本旅客的比例逐年上升。

国外定位“自然野趣”的农牧场民宿，价格比较亲民，客源大多是收入不丰的年轻背包客、小家庭，也适合预算不多的旅客。

若朴素的农牧场民宿满足不了挑剔的你，现在新西兰、澳大利亚还有更高级的庄园住宿——Lodge，这个词原指狩猎或外出钓鱼时过夜用的小木屋，现在是顶级民宿的代名词。“Lodge”大多数是富裕人士在乡间的别墅，主人将它开放作为民宿并亲自接待游客，有些主人本身就是大厨或拥有较好厨艺，以料理为招牌吸引旅客。这种顶级庄园，不仅比一般农牧场的民宿更昂贵，主人能亲自接待的人数也不多，有时还需提早预订才行，比较适合富人阶层或尚未有子女的小夫妻。

喜欢沉浸在历史的氛围中？那你可以到拥有丰富文化遗产的法国，“历史”是民宿的卖点之一。法国南部以田园风光、山野小镇闻名的普罗旺斯，或地中海的蔚蓝海岸等，都还保有丰富的古罗马、拜占庭遗迹，古典农庄的悠闲气氛，还有随季节绽放的花田。即使只是简单的乡间房舍，每个民宿都不超过五个房间，但由于每栋农庄的建筑都拥有不同风格，依然可以吸引全世界的观光客到访。

法国南部的消费，相对于游客热爱的花都巴黎，还是比较实惠的。而且法国政府非常重视古农庄的文化维护，若来住法国南部的民宿，除

◎没有华丽大门，却充满家庭风味的民宿。

了能感受到古农庄的生活形态外，每座建筑还有着数百年历史的古董，皆是活生生的历史见证。

日本位于地震带且拥有丰富温泉资源的，拥有许多知名温泉旅馆的地区有长野县、山梨县及北海道等。这些旅馆位于高原或山岳，一般夏季主打登山踏青，一到冬天又变身为滑雪旅馆。日式民宿最为人知晓的营运模式，就是“一泊二食”，也就是住宿一日，还附上早、晚两餐。温泉旅馆，如果想泡温泉，大多数民宿内就有自行接入的温泉，出门不远处也能找到大众泡汤的设施。由家族经营的民宿，一家人会分担所有民宿内的工作，餐饮也多半由自己人执掌，不假外人之手。若民宿位于渔产丰富的地带，还能享用到当日现捕的新鲜渔产，充分享受品尝当季美食的乐趣。有时民宿内的餐厅“反客为主”，旅客大老远前来的目的其实是美食，住宿反而变成了一种附加服务。

◎滑雪胜地淡季时整栋出租的民宿。

第二节 不同于饭店旅馆的“家庭式旅馆”

“民宿”一词源自日语，念作Minshuku，与英美所称的Bed & Breakfast/Pension/Guesthouse，其实是极类似的东西，广义就是以较低价格提供小规模住宿、供应早餐的家庭式旅馆，各国家有不同的惯用字，但基本上都是类似民宿的设施。以下简单介绍这三种英文中的住宿设施：

“Bed & Breakfast”（简称B&B）字如其意，就是只有床位与早餐，广见于全球各地。一晚的费用中通常包含了住宿与早餐，价格实惠且适用的年龄层广，常见于大城市的次级交通要点或乡林山野。近年来也有许多连锁经营的B&B出现，还推出会员制以吸引更多热爱低预算旅游的人。早餐也颇具水平，例如牧场经营的B&B能吃到当天现榨的牛乳或现烤面包，或者以当地特色农渔水产作为特色食材等，极富乐趣。

“Pension”一词原指“养老金、退休金”，后来也指退休后靠退休金生活的富裕夫妇，利用自有资金购买房子或用自己家房子经营旅馆生意，在德国、意大利、西班牙、奥地利、日本等地比较多见。这类建筑多半为欧式洋房外观，在日本，标榜为“Pension”的民宿也多半供应西式料理。这类建筑通常依山傍水或位于滑雪胜地及度假胜地内。由于这类房舍主人多半属于有钱人，有时主人出外旅游，客人就能整栋租下，就像完整的家一样拥有全套厨具，可以自行与旅伴在房内烹饪。主人不出门的话，客人可以跟主人同住，能依照自身需求来安排景区内的游乐计划，如滑雪、健行或溯溪等，属于价位较高的住宿设施。

“Guesthouse”最接近中文“客栈”的意思了，不仅价格比前两者更为低廉，还带点青年旅舍的意思。这类旅馆不一定标榜位处避暑胜地或交通要道等优势，而是以亲民价格与简单陈设来吸引预算不高的背包客。客栈大多供应早餐，但餐费不一定包含在住宿费中。在许多知名的背包客旅游胜地都可以找到很多这样的客栈。通常客栈为了增加收入，柜台还会兼售附近景点门票，同时在大厅也有供旅客交流的空间，能互相交流旅游信息或者找到共同分担旅游费用的朋友，很适合单人旅游时入住。

在中国，也有“农家乐”这种倡导农村休闲度假的住宿场所。自 20 世纪 90 年代以来，广泛流行于城市近郊，极力推行近郊休闲度假的概念。因农村人口不断外流，村内普遍有缺工、高龄化方面的忧虑。通过政府大力推广，将中国式的乡村特色文化包装成极富经济价值的度假产品，同时也吸引农村年轻人口回流。随着农家乐这种度假形态的兴起，居住在城市的人也纷纷想返璞归真，通过品尝农家菜、生态餐等形式，来亲近土地、走进自然，体验一下当一日农人的乐趣。

有些农家菜系甚至自成一格，成为当地有名的特色佳肴。而且客人在那里吃的都是当季最新鲜、滋味最好的蔬果，菜鲜味美且兼顾健康。一般农家乐中的房间，大多是以原有的民居为基础，经过改造装修，住宿花费比当地酒店低廉许多。喜欢交朋友的人，也可轻松地与其他住客聊天交流，褪去日常的繁忙，融入山林原野之中。同时活用农村闲置房舍，农家乐可以说是中国平价民宿的代表之一。

第三节 为何民宿热潮不停歇？

A 民宿惹人喜爱的形态

通过以上三种欧美盛行的简易住宿设施，可以看出，典型的“民宿”一般都在农、林、渔产业盛行，或是观光资源丰富的乡野名胜地区，多为家族经营，以家庭成员共同合作分担工作的形式，进行小规模旅馆的经营。虽然没有达到旅馆等级的软硬件规模，但多半结合当地观光服务，提供多种休闲附加功能。也有民宿专营露营地，规划当地旅游行程或租车等服务，只要装潢风格出色，或与当地观光产业形成良好共生的结构，就能经营出口碑，招来更多顾客。

虽然民宿的规模无法与旅馆相比，也不一定具备穿着整齐制服的柜台接待，甚至在一些偏远地区，还未导入网络订房的计算机设备或刷卡服务，但少了大型连锁旅馆的制式感，民宿更能吸引喜爱家庭旅游、主题旅游的人们舍弃连锁旅馆而入住，体验这种“主人加客人”式的亲切与热情。

典型的民宿，经营者多半是房屋主人，这种充满温情的家庭式住宿，若再加上能彰显当地特色的外观、内装，或拥有独特风格及特色料理的话，便极有可能获得媒体的关注，从而一举成为知名民宿，有些甚至成为影视拍摄的取景地，想要入住还得提前一两年预约才行。例如位于新西兰怀卡托地区的玛塔玛塔镇，就是电影《指环王》和《霍比特人》中拍摄霍比特人生活场景的主要景点。当地的私人农庄主人除了供应新鲜牛奶与鸡蛋当早餐外，还会带住客参观电影中出现的年迈大树与湖泊，让人身临其境，仿佛梦回霍比特村。

越来越讲究个性化的现代人，对具有特色、独一无二的民宿格外向往，因此哪怕路途遥远，需要翻山越岭才能抵达的民宿也能天天客满！再加上现在发达的网络传播能力及智能手机的定位功能，再隐蔽的小店，经过旅客一番热情传播，都有可能在接下来的 24 小时内声名大噪。

◎卡帕多西亚当地的洞穴民宿

一国、一城、一村的缩影

一般旅馆的服务人员，基本上都受过良好的待客训练，除了能用基础外语来应对各国旅客外，一些连锁旅馆，不管是全球性还是地域性品牌，无论在哪里入住都会看到整齐划一的房型、装潢、色调与员工制服。对于商务旅客或讲究品牌的人而言，这类住宿最大的优点是“标准化”“坐落于良好地段”，简单说就是“不容易踩到地雷”，在住宿的质量上不用花太大心思。规划人生第一次自由行的游客，往往也倾向选择这类旅馆，避免首次不跟团出游就栽在糟糕的住宿体验上。

而一间民宿，可能仅此一家，别无分号。民宿老板可能是当地居民，熟稔这块区域；或是厌倦了紧张生活的都市人，选择在这片清幽的土地经营民宿，展开自己恬静的人生第二春。

世界上没有一座民宿是长得一模一样的，这房子可能活用了当地素材建造，例如土耳其卡帕多西亚

◎卡帕多西亚令人赞叹不已的石柱洞穴。

（Cappadocia）地区的洞穴屋。卡帕多西亚拥有独特的地理、历史和文化特色，特别是当地的早期基督教徒，为了躲避罗马帝国迫害，利用了当地的特殊地貌，开凿了许多洞穴作为宗教仪式祭拜所和住所，甚至凿出了一个举世闻名的地下城市——凯马克勒（Kaymakli），总共地下 9 层、1000 多个房间，能容纳一两万人居住。

如今到访卡帕多西亚的观光客，多爱入住洞穴屋，体验居住在洞穴内的感受。当然，为满足现今的观光诉求而打造出来的洞穴屋，肯定比千年前只靠石头与斧头凿出来的洞穴要舒服许多。由于此地入夜后的温度跟白天相差甚大，洞穴屋内皆有供暖。除此以外，卫浴与舒服的床铺也一应俱全，不需忍受物资的缺乏。

受惠于此地平稳的气流，卡帕多西亚闻名全球的热气球搭乘体验，也是来此地游览的观光客热衷的项目。随着热气球的升起，观光客得以从高空俯瞰完整的喀斯特地貌。卡帕多西亚的观光奇迹，可以说融合了地景、历史、宗教、建筑以及娱乐等多重魅力，也处处展现土耳其这个民族大熔炉融合各文化后产生的结晶。聪明的民宿经营者，虽然没有旅馆大集团所拥有的广大资源，但懂得集结一地精华，从活用洞穴所盖的房间开始，就让旅客充满惊奇。家庭式经营的民宿主人多为当地人，提供的也多为当地料理。住在当地民宿里，既可享受人与人之间的友善互动，还比大饭店少了一点嘈杂，享有难得的悠闲与清净。你说，民宿住不住得呢？

◎躺在土耳其地毯上休息的猫儿。几乎所有土耳其家庭里，都布置了一块以上的地毯。

第二章 旅游达人点醒你 好民宿不只是下榻之地

随着对休闲生活要求的提高，现代人喜欢避开拥挤的假日人潮，选择平日费用合理的旅行，想走就走，也不拘泥于一定要入住高级酒店，口味越来越多元。所以现在的订房网站，似乎有个趋势——广纳越来越多的民宿与B&B，生怕崛起的民宿网（如Airbnb等）瓜分走住客。这样的趋势是好的，能将民宿与酒店业放在一起共同竞争，将民宿的服务水平抬到更高。毕竟酒店业有国家制定的标准需要遵守，但民宿却还是恣意生长中的行业。现在大家在同一个起跑线了，民宿虽有价格上的优势，但可不是任何人都能经营的。近几年我住遍世界各国的民宿，发现民宿主人们正努力打造自己的特色，其水平之高也令我印象深刻。好的民宿，该具备的要件虽然很多，但最重要的就是能让你：好好睡一晚，什么都不需担心。

第一节 好民宿，能使你的旅途顺畅

现代人日常生活中扮演的角色越来越多，对各种住宿的功能要求分化也越来越细。例如公司组织年会时，一般会入住五星级的高级酒店或度假村，让辛苦一年的员工享受多种休闲设施而得到慰劳；因公出差时，为了提高工作效率，会入住拥有会议中心的商务酒店，方便与客人直接在酒店内进行商务洽谈；利用工作以外的私人时间，安排跟另一半或举家出游时，又需要有温暖氛围、满足多人生活需求的度假公寓或民宿。可能有人会认为，大品牌的酒店会住得舒服，无论地段还是服务，都有相当的标准，不容易出错。为什么要特意去住民宿？民宿不都规模很小吗？而且实际经营的人可能只有主人一家人或夫妻两人，服务水平到位吗？会不会订了民宿，反而是个灾难的开始呢？

有这些顾虑，可能是因为你没选到好的民宿。

随着旅游体验的升级，每个人出游都伴随着不同目的，带动住宿行业向多元化发展。较早位于景点或重点路线上的民宿，能享受到发展黄金期的红利。但一家民宿是否认真经营，有没有丰富的待客经验，从一开始预定，就能很明显地观察出来。民宿要做到真正为旅客着想，就不应只是着眼于住宿和退房，而要从如何前往、入住的流程、餐点与活动的安排、旅程的建议到顺利退房，直到搭上前往下一站的交通工具为止，这些大小过程是否安排得贴心流畅，绝对能影响到旅客整段旅程的心情。

特别是位处热门旅游路线中转点的民宿。来入住的旅客，多半是从上一站离开，在这里停留一到两日左右，退房后需要匆匆前往下一站。为旅客做好行程的衔接是民宿的基本工作，也是生存之本，可以与周边产业合作，共创双赢模式。而一般的酒店皆采用统一标准经营，追求的目标是旅客不管到哪里，皆能得到标准如一的品牌服务。这样的模式下，不一定能与当地文化结合得非常紧密，为顾客提供与都市生活不同的体验。而民宿与酒店的不同，就是因为没有所谓的“标准的服务流程”，也许这正是民宿最大的魅力所在。

例如在云南大理落脚的游客，往往是从昆明赶来，修整一下后，再前往丽江或香格里拉等地。

◎土耳其南部某酒庄自行经营的民宿。

从昆明到大理行程将近四百千米，若大理的民宿经营者能主动指导旅客，如何利用飞机、大巴或铁路顺利抵达大理，并为旅客的大理游玩提供合理建议，甚至能代为安排路线或行程等，这样的民宿会让顾客倍感亲切，能有效提高住宿满意度，所有的贴心细节都能转化为民宿口碑。更聪明的民宿主人，在你预订成功后就会主动发出问候邮件，同时询问是否需要代订车票、大理一日游或是安排晚餐服务等。

毕竟大理古城周边的民宿超过四千家，每一家都在处心积虑地拉拢顾客，不希望远道而来的客人失望而归。

会特地选在此地开设民宿的人，除了土生土长的当地人外，也有因缘际会到访此地而爱上这片土地的外地人；或者是到外地工作漂泊多年，现在落叶归根，与家人开间民宿开始第二人生的游子。虽然规模无法与酒店相比，但民宿真正吸引人的，第一是令人印象深刻的“外观”，第二就是民宿本身成立的“故事”与主人的“情怀”。充满热忱的民宿经营者，会让踏上旅途的人仿佛回到第二个家，疲惫的心有个归宿。平日忙于工作、照顾家庭的人，好不容易踏上旅途，自然希望在民宿里能换位成为被照顾的人，同时放慢脚步，细细去品味当地的生活。

一趟美好顺畅的旅途，不能没有一家好民宿。一家好民宿，不能没有好主人与为顾客考虑周全的心。真正到位的民宿，能够为前来住宿的旅人提供“出发→入住→离开”整个阶段的服务。想要利用难得的假期，留下美好回忆，而不是满腹抱怨与后悔，那你就得练就找到好民宿的眼力。

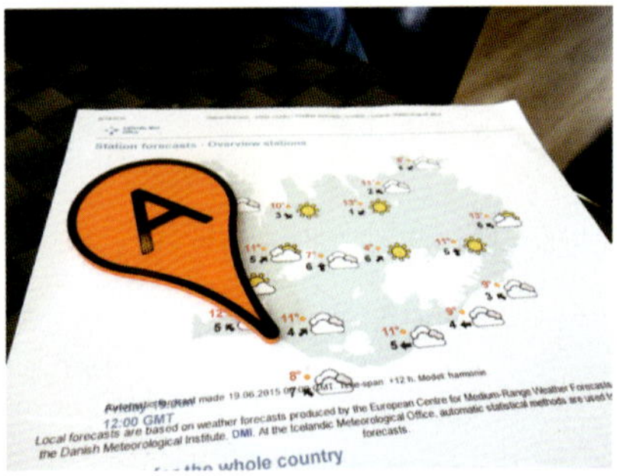

◎贴心的冰岛民宿主人，每天早上都会印一张当日天气预报图提供给房客，当作规划行程的参考。

第二节　好民宿的品味，能磨练你的五感

传统意义上的五感，指的是视觉、嗅觉、听觉、味觉、触觉等五种感官感知。研究显示，在人体感官感受中，最为深刻的首先是视觉，其次为嗅觉、听觉、味觉，最后一个才是触觉。而且人类的感官系统并非单独运作，彼此之间还会有交互作用。

视觉会对嗅觉、味觉有影响，例如看到美味的食物，我们就会启动头脑中对眼前美食香气与口味的想象；嗅觉则对味觉、触觉有影响，例如闻到鱼腥味，我们马上就能联想到菜市场上触摸鲜鱼的记忆。所有的感官交互作用，才能够形成我们对一件事物的完整感受。

喜欢住民宿的人，一定能认同这句话：一流民宿卖的是情怀，二流民宿卖的是服务，三流民宿卖的是房间。

民宿的风格是由主人的美学素养、人文价值、人情味、过往职业特征等多重条件构成的。民宿主人以前可能是导演、摄影师、作家、记者、厨师或设计师，也有可能是伐木工人、渔夫或农民。他们的职业气质，能影响整栋民宿，营造出不同气息。也因此不同的民宿风格，能适应不同客户群的喜好，进而满足各种客户的不同需求。

但世界上没有一家民宿，能满足所有人。

聪明的民宿主人是有个性、不随波逐流的，依照自己喜爱的风格打造出来的民宿，不会受时代潮流影响。盲目跟随在流行元素后面，几年后便会因流于庸俗而被淘汰。民宿主人需要对生活拥有自己的想法，建造出符合自己风格的环境与建筑，吸引到趣味相投的人，顾客才能拥有完美的住宿体验。民宿主人可以依据人的“五感”体验，打造出理想的民宿。

若民宿主人喜爱田野生活，那就在田边筑间小屋，春夏时看着雨水充沛带来的新绿、农人辛勤耕耘插秧，秋冬时欣赏随风摇曳的金色稻穗、收割后大地的苍茫……一年四季的田园美景都能尽收眼底。或者民宿主人本身就是充满创意的建筑师，能活用当地特殊地形，盖出与山林合一的秀逸建筑，从抵达的第一眼，到入访内部后房内的每个细节，都值得游客花时间细细品尝，充分达到“视觉”上的满足。

若有你喜欢的设计风格，可以将这里的创意带回家，也是住民宿的附加价值。

若民宿主人向往自然界抚慰心灵的力量，利用芬芳的原木，在山野溪谷旁盖一间民宿的话，除了能吸收森林芬多精净化身体外，原木散发出来的气味，有别于都市钢筋水泥房的冷清僵硬，使住所多了点温暖气息。还可以在房内插上一盆鲜花，早晨提供现磨的香浓咖啡，这些都是“嗅觉”上的满足。

遇上了热爱爵士乐的民宿主人，同样热爱爵士乐的旅客，肯定能在屋内发现许多年代久远的黑胶唱片。随性翻起主人珍藏的老唱片，就能一起天南地北聊个整晚，一同欣赏悠扬的乐曲。而住在盖在海岸边的民宿，夜晚能伴随着充满韵律的海浪声，绵绵进入梦乡，这是“听觉”上的满足。

善于利用地方特色食材，以及特殊烹饪方式的民宿主人，提供的就是“味觉”的满足了。例如靠近海边、由渔夫经营的民宿，能端上桌的料理铁定都是最新鲜的海鲜；农牧场经营的民宿，能享用到新鲜牛奶与鸡蛋料理出的早餐，或者品尝到牧场里上等的肉品。从产地到餐桌的距离直接化为零，那种美好滋味肯定一生难忘。

而“触觉”呢，要怎么满足？举一个简单的例子。我们的睡眠时间，平均占了人生的三分之一，也就是说我们有三分之一的时间在床上躺着度过的。如果旅途上偶尔遇到令人神经紧绷的突发事件，例如物品失窃、受伤、没赶上飞机或最后一班列车等，除了金钱上的损失，处理这些事时也会耗费大量精神，晚上绝对需要好好睡上一觉，补足精神来面对未知的世界。

许多人一抵达民宿，第一件事除了审视四周环境，就是要看看今晚睡的床是否干净舒服。千里迢迢前来，迫不及待要躺到床上好好补觉，这时候软硬适中的床垫，充满阳光气味的床单，对于疲惫的旅人而言，简直就是天堂。此外，舒服的沙发、充满质感的木制家具，民宿可爱的狗儿，也能满足“触觉”上的感受。好好欣赏民宿主人用心打造的空间，能让你的感官敏锐度更上一层楼。住不同民宿带来的五感体验，值得你继续探索下去。

◎ 入住摩洛哥首都拉巴特的民宿，民宿女主人每天手做现烘的烤饼，搭配上各种美味的配料如奶油、蜂蜜等，非常丰富，很有北非阿拉伯民族的特色，满足我们的味觉。

第三节 好民宿，是你追寻的“下一个家”

这几年，不管我再怎么喜欢往外跑，流浪一段时间后，我还是最喜欢回到自己温暖的小窝。每次出门前，我都会将屋内上上下下打扫得干干净净，结束旅程后，迎接我的是整齐温暖、再熟悉不过的房子，只有在家里，才能放下心来，整个人松弛下来，好好深呼吸，给自己一个不需与人对话的时间。

当然这小窝总是有不足之处，不满足于这里时，心就开始蠢蠢欲动，想要学寄居蟹那样换个壳，于是规划旅行住宿时，总是爱找寻符合我梦想的屋子。很神奇地，许多民宿主人居然能将我理想房子的模样具象化，只凭照片就能使我感慨：若是真的一直住在这里该有多好？

◎爱琴海岸边的百年石砌民宿。

曾贪心幻想过住在一栋离海岸约车程十分钟，屋旁有河流，附近有各种商店、诊所的独栋别墅。毕竟现代人都被宠坏了，无法离舒适生活太远。就在一次台东三日行的旅途中，我真的找到了这样的民宿。开车十五分钟抵达太平洋，位于卑南溪河堤旁，十分钟步程内就有商店跟医院，只要开车就能每天去看海，完全就是我下一个想住的地方。既然暂时无法拥有理想的房子，那就偶尔来这里度个假吧。

这座民宿的主人是建筑师，在台湾北部奋斗多年，回到家乡台东购置房屋，不假他人之手，亲自设计出一栋喜欢的房子，经营起了民宿这个副业，也借此认识到访的旅人。整栋楼高只有三层，白色外观，晚上一楼客厅会透出温暖的灯光，在院内就能看到整面的书墙。书墙上都是民宿主人收藏的书籍，住客可以一个人静静地坐在沙发上翻书，倦了可以在沙发上小睡一会儿。夜晚的台东静静的，没有大城市的嘈杂，在月色下欣赏这栋白房子，心中想着，若真的住在这里该多好呢？但平常的我，依旧有未完成的工作以及无法放下的责任，只能利用这清闲的片刻，好好记住这间民宿里每个迷人的角落。

忍不住感怀，原来在地球另一个地方，已经有人先规划好了我理想中的家。

离开这栋房子时，我忍不住拍下许多照片，暗暗期许某天也能化理想为行动，打造出自己想要的“家”。最重要的，要有那个能舒适一下午、只用来看书的客厅沙发。不要像现在，只有做梦的能力。

喜欢待在家里的人，屋子内一定有个专属于自己的角落。可以看看书、听听音乐或是什么也不做，不需要与人有互动交流，纯粹放松。而一间好的民宿，你看上的往往也是建筑中某个吸引你的角落，正好就是你要的样子：可能拥有全套厨具的开放式大厨房，你可以在这里一展厨艺，每天为家人端上满桌好菜；可能有不管怎么滚都不会跌下床的特大双人床，跟恋人不出门都能在这缠绵一日；可能有整面的落地书

◎台东海岸旁的迷人民宿，我理想中的房子。

墙，放满了心仪的藏书，宛然一个私人图书馆；可能有一个能好好泡上一小时的按摩浴缸，一解在家只能淋浴的遗憾。

人似乎习惯了现有的一切，就不太想有变动。偶尔只能逃离生活的现实，到山林中去追求一时半刻的宁静，却很难有勇气放下虚名，回归初心，动手实现心底的那个梦。但就是有比你更有动力去追求梦想的人，把理想生活与事业结合，认认真真盖起了一栋房子，跟家人有更多相处时间的同时，还经营着一份事业，过上了想要的生活。在大多数人仍被困于现实生活时，需要有这些将梦想化为现实的例子来告诉我们，什么才是最重要、最长久的，即使你是只需做梦的旅人。

如果住进一间民宿时，你会不经意间，口中念念有词："对，我就是想要这样的房子，住在这里我就可以……"那代表你依旧对生活拥有理想，还有动力去追寻。

别忘了，"家"里面最重要的元素——人。除了民宿主人对旅人照料的温情，还有客栈管家等充满人情味的互动，各地汇聚到这里的旅人间的友好。只要主动一点，就能多交几个新朋友、多听一些故事。仿佛在那几个晚上，我们多了几位"频率"相同的家人。找间好民宿，同时也会找到你想要的"家"的形态。

◎云南大理古城内的民宿，坐在咖啡厅池畔阅读自己喜欢的书，愉悦放松的一刻。

第四节 好民宿，让你看见“理想生活”的缩影

人有千百种个性，民宿主人也有千百种风貌。

不同形态的民宿经营模式，能对应到不同层次的顾客群体。好的民宿主人应该坚持自己的喜好，不随波逐流，盲目跟随市场上正受欢迎的民宿风格。因为建筑物的外观可以仿造，但民宿主人的风格却是无法仿冒的。

曾经在日本伊豆半岛住过一间民宿，由一位日本老绅士单独经营。老绅士年轻时是个跑遍欧美的成功商人，热爱爵士乐和交响乐的他，希望退休时能拥有一间自己的视听室，将他多年收藏的各种唱片分门别类存放，并邀请音乐知音一同欣赏。结束旅美生活后，他选择一人独居在伊豆半岛，在靠海的崖边盖起了别墅。屋里重金打造了一间玩家级的视听室，与外界隔了厚厚一层原木，达到绝佳的隔音效果。老绅士终于在退休第二年打造出了他的梦想生活：每天早上在视听室选张 CD，悠闲地喝着咖啡，不需戴上沉重的耳机，就能有立体环绕的个人音乐会上演。

但一个人窝在视听室，默默地听着最爱的爵士交响乐的他，久而久之开始感到寂寞，想着找些音乐知己一起交流。老先生自己又有辆车，能接送住客。这样既能有点收入，也是排遣寂寞的好方法，对于已经攒够了几辈子退休金的他而言，赚取住宿费已不是往后的人生目标。长期旅居国外的生活，也使他练就了下厨的手艺，于是他改装了阁楼的两个房间，经营起了民宿。

◎克罗地亚公共住宅内改造过的时尚民宿。

这间民宿对外标榜的特点非常清楚：民宿主人多年旅美，有三千张爵士、交响 CD 任你听，再附上手做早点，一宿一食 5000 日元（淡季价格）。很轻松就能想象出民宿主人的风格样貌。我住在这间民宿时遇到的其他旅人，似乎也多半为了音乐而来，几乎都能随手拿起主人家的乐器弹上一曲。那个晚上，大家热烈地讨论着喜爱的音乐与乐手，而老绅士满面笑容地看着我们，似乎很沉醉地听着我们的对话。

看得出来，他满意自己打造的空间，能为他吸引来相同爱好的人，一起分享音乐的美好。而且这些知音，不局限于本地人，而是来自世界各地。

老绅士基本上不离开伊豆，但每周上门的旅人，仿佛让他再次游历了全世界。每天他悠闲地开着车接送客人，趁客人外出时到超市采购食材，准备隔天的早餐。民宿选址刻意选在崖边，天晴时能轻松眺望东面的相模湾，每天还被最爱的音乐环绕……看着老绅士为自己打造的第二人生，我的钦羡之情，即使离开民宿很久后都不能忘怀，原来真有人活在自己亲手设计的理想生活中。

而另一对住在摩洛哥的夫妇——来自法国的先生和摩洛哥的妻子，为了能一起生活，他们在摩洛哥的首都拉巴特购置了传统庭园住宅——“Riad”，经营起了民宿。Riad 是当地古老房屋建筑形式的一种，当地人将破旧不堪的老房舍整修后，重新翻新作为民宿使用。也有许多外国人前来，与家人共同在摩洛哥经营民宿。这夫妻两人，分别发挥特长，一起经营这家可爱的深具摩洛哥风情的小民宿。

摩洛哥向来有“北非花园”的美誉，自古以来就是欧洲人的度假胜地，夫妻俩出资购置了这栋古民宅后，由丈夫负责对外接洽，妻子负责民宿的日常管理、采购与料理供应。喜爱与陌生人交流的法国丈夫，熟练地接应外国旅客，妻子也是得力助手，包办客房整理与烹饪当地料理，在订房网站上得到相当高的评价。

我问法国先生，会不会想念家乡呢？法国人笑笑说："我们共同努力，老婆在哪里，哪里就是我的家。若没特别意外，我想在这里一辈子。在法国时我做什么都很没劲，但在摩洛哥经营民宿的生活，使我与许多人有了接触，认识了很多朋友。我很乐意跟旅人分享摩洛哥的美，这也是我此生想做的工作。"小小的民宿，夫妻同心经营，安顿旅人的工作已经纳入了他们的生活范围。

有海、有音乐、与爱的人一起生活，再交上几个值得一起分享快乐的朋友，这是我的理想生活。因为现实生活总有缺憾，所以我旅行时，想去遇见这样的民宿主人，为他实践理想生活时溢出来的热情所感染。

◎在拉巴特，由美丽的摩洛哥传统房舍所改建的民宿，马赛克瓷砖装饰充满了阿拉伯风情。

第五节 在好民宿，遇到好男好女

人人有智能手机的年代，大家都低头专注于一个五六英寸的矩形屏幕，很少抬起头来看看眼前的家人、朋友。人人似乎都很忙，但其实看手机时却没做什么重要的事，只是减少了与真人的互动。独处的时间增加，导致大家只能在相同地方兜圈子，却抱怨上天不给机会，交友圈不曾扩大。

每个人踏上新的旅程，都在寻找一种新的体验，渴望新的际遇。若在一个地方发现周遭环绕着许多与自己相似的人，他们是你必须踏出日常的生活领域才能找到的人，你可能会后悔，为什么没有早一点开始行动。

无论是经验丰富的旅人，还是第一次背着家当出发的背包客，我想所有喜爱旅行的人都能认同的一点，就是旅途中所认识到的朋友也是旅途的收获之一。所有见识过的大山大水，不管多么秀丽迷人，旅途结束后，通常只化作记忆中的一个残影，但结识到的有趣的新朋友，却是永远鲜明的记忆。最容易遇到好男好女的场所，通常是在民宿的公共空间，例如大厅、餐厅或民宿代为安排的活动中。好的民宿主人，应该为共同处在一个空间中的旅人创造交流的机会，而旅人也需要踏出友善的第一步，开始与其他人交谈。若还像住进酒店时一样，白天活动一结束，只管躲回自己的房间，是很难与其他人有交集的。

记得我的云南之旅到了最后一站——香格里拉，入住的民宿大厅墙上，贴满了过往旅人的旅游攻略，几乎都是手写，或者从旅游书上剪贴下来

◎土耳其古屋矮墙内的餐厅兼民宿。

的一小格。许多攻略上，还添了些红字提醒旅人哪些路线已经封山育林，哪些地方需购买门票，千万不可听信传言为了省钱而擅自从民宅借道闯入，等等。此时隔壁刚好有个学生模样的人，正在抄写这些宝贵的信息，原来他是即将大学毕业的小八。我随口问了一句是否要一同前往路途遥远的松赞林寺，他当即表示赞同，于是约好了隔日一早一同坐车出发。

小八在民宿还招了些伙伴，一样都是即将毕业的大四学生，在踏上艰苦的求职路前想先来趟深度旅游，大伙共游多少能省些旅费，在旅途上暂时忘记今后要背负的压力。一路上大家讨论起以后的求职路，纷纷向我这个“前辈”讨教，如何写份好看的求职履历，让老板印象深刻。晚上大伙共享晚餐，也托他们的福，能够到当地餐厅点上一桌菜来分享，吃到了不少特色料理，如牦牛肉火锅、青稞饼等，这可不是一个人能吃得完的。也有幸大家一起合力，转动了独克宗古城中号称世界上最大的转经筒。

由于香格里拉海拔三千米，空气稀薄，不习惯的外来人快走几步就开始喘了。小八似乎来到此地后，还没有出现高原反应，一路上有人爬不了楼梯时，他会特意放慢下来等待。虽然小八话挺多的，一路上叽叽喳喳，但很尽力地照顾团体中每一个人，可以说是个爱说话的好孩子。

◎拜访独克宗古城时入住的民宿（2014年古城发生火灾，此处重建）

◎民宿当时的内部摆设，暖炉方便旅人们能凑在一起取暖聊天。

我的旅程比小八提早结束，必须前往迪庆机场，而小八一群人还要再往哈巴雪山前进。离开前与他交换了联络方式，即使已经过了一年多，仍旧会收到他的信息，报告目前工作的近况，并且相约未来同游台北。旅程结束后，我只能翻着照片，去回忆香格里拉的美景，但对小八这个人却记忆犹新，因为他曾在一段漫长的大巴路线上尽力为我带来快乐。

另一次奇遇，则是在台东的民宿隔壁床。

一个九月的下午，我走进了以铁路旧仓库改建的“铁花村”市集内，见到两个帅气的大男生，拉了张凳子，举了块板子，上面写着：纯凑旅费便宜剪，一次两百（新台币，约合人民币 44 元）。其中一位手中还拿着剪刀，一头发型也透露出了他的职业属性。过往的人稀稀落落，终于有个人坐下来，简单询问了喜好与要求后，拿着剪刀的大男生帮顾客披上围布，拿起剪刀，开始利落地修剪。剪完发，另一个大男生负责拿镜子，让顾客检查成果，同时扫除地上的落发，维持场地整洁。整个服务过程大概十分钟结束，两百元入账，平均一人时薪一百元，照现今标准来看不高，但只要一个下午有四五个客人上门，不住太高档的地方应该够用。由此看来，剪发旅游也真是个好主意。

“也该学习一项可以一边旅行、一边筹旅费的技能了。”我偷偷这样盘算着。返回居住的民宿，匆匆洗了澡准备爬上床睡觉，刚好这两个大男生返回住处，这才发现，我们居然住在同一家民宿，而且就在隔壁的上下铺。

“嘿！我下午在铁花村见过你们，帮人剪发筹旅费！”我很兴奋地大喊。

“对呀，好巧，我们居然住同一个民宿！”原来这两个来自台中的大男生，都是刚离职，想在找下一份工作前先环岛一周，正好其中一个有剪发技术，两个人从台中一路向北，再向下走到了台东。一路上靠着摆摊剪发，也攒了不少旅费，至少吃住都不用愁。

“他可是有名的发型设计师，剪一次两百元实在太便宜了，但只要一张板凳，又不需豪华装修跟房租，一天只要有四五个客人就够我们用了。”其中一人说。

第一次看到这种旅行方式，除了羡慕也只能嫉妒，毕竟人家可是有一技之长在身，到世界各地都能混口饭吃。而我们这些普通人，顶多只能在平日多累积点存款，旅行时慢慢坐吃山空后，就得打道回府。从没想过能像他们一样，凭着剪发完成环岛旅行。回家的路上，我一直

◎土耳其海岸旁的百年石屋民宿，石头材料与海蓝配色是地中海岸边的传统建筑风格。

思考还可以用什么劳力付出来换取酬劳（正当的），只可惜实在缺乏天赋，依旧只能靠平日的打拼，换得旅游资金。但也拜他们所赐，给了我很棒的启发。

试着走出房间，与其他人的世界产生交集吧，旅人们的故事会丰富这一段路，用别人的眼睛看到的世界，会扩大我们的视角，看得更广。

第六节 好民宿让你从纷扰世界脱身，打理心情重新出发

现在的人每天身在职场，与同事相处的时间，几乎比家人朋友们还要多。甚至下班后，还有可能继续被上司用手机操控，即使身体回到了家，心还放在办公室忘了带回来，被工作占用了太多与家人相处的时间。习惯了每天在线，其实偶尔与平日世界失去联系，说真的，任何事都不会有太大的变动。

这个社会不太允许成年人示弱，经常把人挤压得不成形，只剩夜晚入睡前才能享受片刻安静，但被手机制约的我们，还紧紧抓着手机不肯放。据说在全黑环境下，侧躺在床上盯着手机屏幕，眼睛的进光量变大，眼睛容易受到轻度光刺伤，时间一久会让单眼暂时失去视力，这种症状被称为“短暂智能手机失明症”，伤害长时间累积下来，会造成视网膜病变。智能手机的发明，虽然可以使人们享受更多便利，但也剥夺了不少自由，而这自由，还是我们主动交出去的。

其实只要下班了，工作就跟自己无关了，但手机必须随时保持“在线”，从一种科技进步演变成文化现象。似乎非得要通过“休假”这个理由，才能让手机关机，彻底区分工作与私人时间。其实“休假”这一概念，出现的历史并不长久，更别说在古代，“休假”还是仅限于王公贵族才能享有的奢侈享受。度假风尚的养成，是这两百年内发展起来的。随着运输科技的进步，释放出了多余的工作时间，让度假风尚普及到

了中产与工薪阶层，都能带着全家人好好享受一段难得假期。

可别小看休假这档事，度假可是能促进经济及各行各业发展的。特别是长达一周左右的“黄金周”（这个词原由日本所创，意为国家统一放长假来刺激消费），能带动餐饮业、旅馆业、娱乐百货业与运输业等发展。也就是说大家度假期间，能牵动许多人的工作机会，当你休假时，另一些产业的人则是轮番上阵，换他们开始辛勤工作了。

世界上有几个国家，如德国、奥地利等，国民享有的假期长度名列前茅，例如德国联邦政府规定，全年的法定带薪假有二十天，国家法定假日有九天，也就是除了一年 104 天的周末外，还有二十九天假期，这些还不包括各联邦自己的特别假日。

在德国，“休假”并非雇主授予的“权益”，而是联邦政府规定下来的机制，所以德国人视休假为生活中的必要环节，而非一种奢侈。这可以让德国人尽力增进工作效率，缩短工时以便能休更多假，还保持了高生产力。出门度假被视为基本人权，而非放着工作不管。当然，政府还有一连串支持劳工的政策，让员工可以安心享受假期。

休息是正当的、健康的，不懂得停下来的人，通常生活也没有具体的目标，还伴随着不太理想的健康状况。每个人都不是无可取代的，不要舍不得离开岗位。帮自己安排一个假期，远离日常的纷扰，找到一个暂居地，舒舒服服地赖在里面，给自己一个放慢思考的时间，离纷扰越远，心也就越清净。

当然，你可以选择舒服地躺在家中，什么也不做，就放空一天；也能选择在远离喧嚣的山林原野中，与自然亲近。若是我，到了一处风景秀丽的地方，便想要留下，至少能有一晚，把自己放在不同气味的床上，不必重温每天醒来时相同的倦怠感。当然，还多了分对隔日早餐的期待。相较于酒店提供的标准化服务，民宿还多了种温润感，能让我慢慢找回生活中的闲情逸致，还能慢慢享受食物。

我养成了一个习惯，每隔一两个月就会挑个周末，星期五一下班就带着行李，搭上前往台湾东部的火车。先从台北搭大巴抵达东部的宜兰，再转搭火车去其他地方，可节省约两个小时。我固定入住的是一间花莲的小民宿，规模不大，只有三四个房间，但窗明几净，干净舒服。绿油油的院子里还有狗屋，民宿主人养了一条巴吉度猎犬，这只狗儿极度贪吃，据说任何东西放在嘴里，它都一律吞下，所以每天都会热心地接近住客，闻闻有没有吃的。在这里，早上只会被隔壁邻居的鸡鸣吵醒，而不是手机预设的闹钟。每次早晨，都吃相同的吐司果酱夹蛋跟生菜沙拉，女主人说，开民宿前她从没下过厨。这里厨房可以任房客使用，自己准备食材，享受假日空闲之余，帮自己好好准备一次早餐，也不算劳累。接下来的时间，就驾车轻松地游走当地，偶尔到海边走走，踩沙踏浪后喝个咖啡；晚一点到夜市，穿梭在不一样的小吃摊，东吃一点西吃一点，很快就饱了。回到

◎不靠海的民宿，漆成了阳光下的青青海蓝，不出门也舒服。

民宿附近的河堤，若是夏季来临前，还会有萤火虫的光点出没，没有干净的水源与环境，是孕育不出萤火虫的。天气好的晚上，一抬头就能跟旅伴玩寻找星座的游戏。

在这里，不需思考下一步，让心情领着走即可，走到哪儿就吃到哪儿。两天两夜的小时光，完全远离嘈杂的台北，呼吸频率也变得顺畅，心情不再急躁，经常打结的头脑，总算有时间能好好梳理一下。原本厌烦了的日常工作，也有了新的认识，努力工作与充分休息，这两件事需要和平并存，再回到岗位上时，心情也不一样了。三年下来，我在同一间民宿住了近二十次，感觉这里就像我的第二个家，静静躺在那儿等着我回去。

选择一处好民宿，让自己拥有从容转换心情的能力，对于心理健康来说无比重要。

第七节 民宿的准备

A 练习踏上“一个人”的旅途

意大利作家 Cesare Paveses 有句名言：“旅行是残酷的，逼迫我们信任陌生人，失去家庭与朋友带给你的那种习以为常的安逸。”当然他说的是一个人的旅行，不是有旅伴那种，而且套用流行语，就是“独旅迫使我们离开同温层”的意思吧。当然若是为了工作出差，是带任务的单独旅行的话，至少目的地有人接应、洽谈、交流或带你上当地餐馆，不至于心里有空洞感（除非出差地异常寒冷，平日又见不着几个人）。一个人旅行的能力，还真的是需要锻炼的。

翻翻报纸杂志，或是逛逛网络，总会不经意间看到一些迷人的风景或别致的民宿建筑，心里就会呐喊：“好想去住啊！”接下来，心里多半会涌出另一个声音：“可是有谁要跟我去？一个人去好像怪怪的……”

这种念头如果经常在你脑海里出现，你可以开始练习这样思考：“机票只卖团体票吗？火车只限双人搭乘吗？民宿会拒绝一人入住吗？”这些事应该不会发生。那我们为何说到旅行，总怕一个人出门，害怕别人知道自己是单独旅行而感觉到别扭？其实别人用什么形式关注你，都不是害怕的主因，我们害怕的只是孤单而已。

我们总觉得多一个人多两只眼睛，自然会互相照应，有一加一大于二的好处。而这些好处的反面，是警戒心与敏锐度会降低。在我与周围朋友的经验里，一个人行动遗失物品的概率反而较小，也很少错过大巴、火车、飞机。

而习惯把所有琐事都丢给规划者、想轻松搭顺风车的人，养成依赖旅伴的习惯后，旅程结束后极大的可能是永远不会再接到朋友的邀约，或者干脆两人渐行渐远，上一次的旅行变成最后一次见面。这种例子应该常有吧？跟几十年前的环境相比，现在有手机能立刻找出方位，还有许多旅游论坛提供经验可参考，更不用提还有廉价航空以及淡季票价的助力，安排一次出游变得简单无比。最重要的是，一个人出游，从资料搜集到住宿与路线的安排，各个环节都需要通过联系交涉。特别是打包行李与准时搭上交通工具，对于行动力、整顿能力的提升，简直就是最佳的独立训练。若是团体出游，很容易把自己锁在一个小圈圈中，凡事有人安排，很容易养成依赖的习惯。

◎民宿“富莉庭缘”的招牌。

对第一次单独出游的人来说，住民宿是个很好的初级练习。

首先，酒店很少单人房，一个人要占双人房，大部分都是两倍收费，特别是知名景区的酒店。而民宿在淡季可以直接打电话预订，表明只有一人入住，民宿主人也许会通融打个折扣。民宿最大的好处，就是没有酒店的硬性规定，只要经营者理念够变通，凡事都好说。一个人出游时，多少也能受到周围的关心与照顾，积累与陌生人打交道的经验（有时候还会得到免费食物）。一个人在旅途上，还有什么好处呢？很久以前买的书，早就堆成了一座小山，书的封面开始蒙上一层厚灰，该带上一本好好在路途上看了。不要妄想带上《百年孤独》这种又厚又沉，或者豪华精装的书，挑一本两三天集中精神就能看完的即可。若一路上想静静地沉浸在自己的世界里，或是遇到主动来搭讪，却又不太投缘的家伙，打开书看就可以了。在民宿时，没有明确计划的时间里，留在房间或坐在喜欢的一个角落，拿杯茶或咖啡，打开书本，只专注在书的内容上，独享一个人阅读的愉悦。没有带书也没关系，甚至不用特别做什么，翻翻民宿主人的书，就像我们翻阅别人 CD 架上有哪些喜欢的 CD，或是偷窥别人的音乐播放器中收藏了什么音乐一样，是了解一个人喜好的方式。

大部分民宿主人都拥有书和音乐的收藏，大都欢迎与入住的旅人共同欣赏。在民宿中，其实有很多自得其乐的方式，不需太担心一个人会孤单，何况世界上有这么多种类不同的民宿，值得我们慢慢挖掘与欣赏，找到自己喜欢的民宿类型。既然都能为自己喜爱的音乐编列“我的最爱”，自然也可以把民宿列出一份清单，自己私藏或是推荐给身边亲友。很少有人会在饭店、酒吧或餐厅认识新的朋友，或阅读到一本喜爱的书，因为酒店内的藏书，多半是装饰品。

别以为一个人旅行会很寂寞，单独

◎民宿若有一个很棒的角落，那通常就坐落在书房或视听室。

上路你才有更多时间与机会，让自己向外延伸就不会觉得自己是座孤岛了。找一间与自己气味类似的民宿，这一步只要踏出去，后面就会轻松许多。

有格调的旅人，才能促成好民宿

想过自己在他人眼里，是怎么样的一个旅人吗？先想象一下，若某天有一位客人要来你家里留宿几天，这位客人不仅迟到，抵达时没有好脸色，还喜欢将家里的拖鞋穿到室外，或者随意搬动家具，离开时房间内留下许多垃圾，还顺手牵羊带走了一些物品，你还会对这客人留下好印象，甚至欢迎他（她）再回来吗？

可能不会，而且还会开始产生怀疑，究竟这样认真准备，努力接待一个客人，到底有没有必要。

先来看看“信任”这件事有多重要。

一个认真的民宿主人，要将家里的空间公开给陌生人入住，让他们大方地在里面走动，使用其中的摆设，或者投入资金与体力打造诸多让人满意的住宿设施，都是基于对“人性”的信任。若人与人之间没有“信任”作为桥梁，人类社会就不会一路往前发展，而停留在彼此争夺资源、凡事诉诸暴力的时代。自从Airbnb（爱彼迎）之类的民宿网推出以来，类似此类分享家中空房的共享服务越来越流行，很多人一改从前的保守观念，开始将自家空房放到网上与游客分享（其中也有不少专业民宿），除了屋主本身要具备信任陌生人的能力外，共享网站更建立了各种实名认证机制，如电话号码、电子邮件或政府核发的身份证件等，通过认证后才能开始使用，加强了两个陌生人之间彼此信任的基础，毕竟没有人想要遇到素质差的房东或房客。

一个有格调的旅人，在这种良性循环中该扮演怎样的角色，及负担怎样的责任呢？现在的人喜欢强调自

◎云南丽江纳西族风格的民宿，从窗户前边可远眺玉龙雪山的景色。

◎云南丽江的客栈，充满纳西族风情。

由，若没有拿捏好自由的分寸，就成了踩踏他人自由的任性行为。只有拥有高度自制力，懂得“有所为，有所不为”，才能建构人与人之间的信任。在欧美，即使像米其林三星这样的顶级餐厅，近几年也是饱受顾客订餐迟到与失约之苦。以至于有的餐厅接受预定时，就在电话中特别交代：必须准时抵达，否则失约者将永远无法在该餐厅预定任何席位。即使有便利的网络订位，现今的消费者似乎连按下取消键的时间都不愿意花，直接选择失约的人越来越多，这让经营者们蒙受了巨大损失，有的便收回给顾客的方便，造成两者间更大的不信任。

“努力提升服务质量→获得良好响应→成为服务下个客人的动力”，这个良性循环若能形成，对民宿来说就是持续经营的动力。毕竟人都需要在付出后获得成就感，当成辛勤劳动的奖赏，同时也获得合理收入来维持住这一份工作。顾客并非只要付出金钱，就不用在意自己是否保持了良好礼节，是否尊重提供服务的人。值得被服务的顾客，相信到了哪里都备受欢迎。

信任是一点一点累积起来的，但破坏只需要一瞬间。当一个有格调的旅人，预订住宿后准时依约前往，当然旅途上难免有延迟或误点，也请记得——通个电话，就能减少民宿主人的疑虑，也能确保自己不管多晚，还有个地方能入住。若是无声无息，民宿主人可能陷入“是让出空房再次开放预定，还是承受旅客失约”的两难境地。

只要懂得换位思考，每个人都能当个有格调的旅人，有越来越多的好客人，自然能激励民宿经营者提供更好的服务。

◎民宿早餐吃的是菜园现摘的新鲜野菜。

第三章

靠运气还是等被宰？茫茫网海如何挖掘好民宿

只要是需要盈利的行业，产品总需要被装点成美味的蛋糕，顾客才会闻香而来，立刻买单。但一出坏事，就难免会有人漂白、造假。出游时若找到一个不舒心的下榻之处，不仅整趟旅程的心情大受影响，若有家人、恋人或朋友同行，可能也少不了情绪上的摩擦，更别提日后每回想起一次，心理上就再受一次折磨。找间好民宿，就像任何学问的养成一样，需要次数与经验的累积，才能磨出锐利的眼光来。

我第一次住到好民宿，靠的是误打误撞的好运，但出游久了，还是难免会有不愉快的住宿体验。民宿主人有很多种，最多的是出来谋生的典型商人，秉持一分钱一分货的原则，为上门的旅客提供与价格相应的软硬件服务，旅客只要付出相应花费，彼此两不相欠，这倒也不错。另一种就是充满情怀，将民宿打理得别有特色，喜欢与人交友，容易跟旅客天南地北地聊天，希望与人分享自己热爱的生活，但这种民宿主人特别稀少，想碰上还真需要点缘分，可遇而不可求。

也许你还不知道自己喜欢什么风格，但会越住越有心得，甚至爱上民宿。每每出游非民宿不住的话，那是因为你也跟我一样，爱上了挖宝的乐趣。话说回来，要如何找间好民宿呢？

第一节　找民宿前的准备工作

日常就该预存清单

每天做一点点，日积月累就变成了巨大的成果。若你日常就喜欢搜寻漂亮的民宿，在媒体、网络上看见自己喜欢的，不妨花点时间记下来，现在的手机功能相当齐全，适合作为随手记录的工具。但经过媒体呈现的民宿照片，往往都是经过精心拍摄、修图后的结果，看了照片后下订单，往往到了现场，心情就如同等待彩票开奖般七上八下。

不想遇到这种事，那就在记录下喜欢的民宿前，先看看它在网上的实际点评吧。其实几个较大的订房网站（例如携程网或 Airbnb），都有“我喜爱的酒店”功能，每次看到不错的民宿介绍后，直接在手机程序上搜寻该民宿，不但能看见住客留的实际点评，也有住客上载民宿的实际照片以供参考，多少能看见实际的样貌，入住的信心也能大大提高。在携程网上把民宿存入“我

◎携程网能自动将喜爱的酒店依地区来分类，方便下次查找。

◎例如点进去“阳朔”，就能一次排开该地所有喜爱的民宿客栈。

◎相较之下，Airbnb 需要自行开设档案夹并命名，再将喜爱的民宿自行加入该档案夹内，较为不便。

喜爱的酒店”后，网站会根据目的地主动把清单分类，非常便利。

偶尔打开列表清理一下，除了维持清单的新鲜度，也能以此为目标，激励自己赶快好好安排一个假期入住，而不只是空望着照片羡慕。

重点提示

例如在网上看到了“阳朔禧朔源西街公馆”，打开携程网后查询该民宿，即可看见约有两千条点评，以及 4.6 分～5 分的分数，建议至少看几十条作为参考。

A 以“景点”为目的地的搜房法

大部分人规划旅行时，不会特意以“民宿、客栈”为目标而安排。大家通常是有具体想去的地点后，先搜寻并安排好交通方式，等车票都预订好了，才开始找寻住宿地点。

若以景点为目的，那么民宿的“易达性”就相对重要了。好不容易到手的假期，可能是奋斗了好几个月争取来的，更别说还可能有亲友爱人同行了。若住到了偏远又缺乏交通工具的地点，光是交通就可能耗费掉半天时间，换来的不是满满的美好回忆，而是满身疲惫与抱怨。所以请将“地点”的优劣摆在第一位，这也是保证出游美好的前提工作。当然，自驾者就不在此限了，但为了出游的时间效率着想，还是要将地点考虑进去。

景点决定好了，不管是要住在离景点很近的地方，还是邻近的周边城市，关于住宿，我有几点心得可供参考：

★至少有两种交通工具可抵达下榻处（铁路、地铁、公交车等）；

★处于两条重要交通要道交会点（可节省交通费）；

★选择有民宿正门照片的住所（有白天与黑夜的照片，避免走错）；

★避开只有景点照片，本身照片少得可怜的民宿（参考值太少）；

★要有浴室的清楚照片（卫浴的干净度代表了整间民宿的干净度）；

★点评至少超过二十条。

以上是找一间能“配合”景点旅游的民宿时，至少要注意的六个基本条件。这些多年订房积累的实战经验，是让我一直不出差错的关键。其中有两点都提到了“地点”的重要性，实在是因为对于自助游的旅人来说，节省时间是件大事，必须再三提醒，但也不代表其他的条件就可以牺牲。

若你是非常注重卫生的人，一定谨记：卫浴照片是民宿好坏的照妖镜。有良心的民宿主人，应有硬件设备会随着时间而折损的概念，会定时进行装潢更新或设备更换。只想赚钱而不顾内装的逐渐老旧、损坏，依旧继续招揽客人入住或利用温情攻势来赚取旅客满意度的民宿主人，在一级景区特别多，特别是急欲回本、短视近利的人。每天都要使用的卫浴设备，会经常接触水与肥皂等，积聚的水渍与皂垢若不每天仔细清除，很快就会让卫生间的玻璃门积满污垢。加上经常性潮湿，地板与墙壁也容易产生霉菌，甚至飘散出霉味，影响到整个房间的气味。一家民宿有无好好清扫，只要看一眼浴室就知道了，浴室的设计与整洁度，通常也与经营者的态度有关。洗浴设施是否与马桶做分离设计，会影响到同行者使用上的便利，特别一早需要赶行程时，无法分开使用的话，会拖延出门的时间。

另外，许多民宿提供的照片，往往会掺杂许多景点的风景照，让人看着看着就心生向往，急于下订单。最好要小心这样的陷阱，如果民宿自身的参考照片不够多不够好，却掺杂了景点照片，这并不代表这间民宿就离景点很近。还有就是如果房间照片永远只有充满情怀的一小角，如沙发、枕头、花瓶、狗儿等，看不出从房门到窗边的全景，也是需要留意的，因为有可能房间很小，只能凭照片制造出吸引人的气氛，实际上房间走道只放得下一个行李箱。

重点提示

幸好现在的订房网站，都会以平方米来标明房间大小，要达到基本的舒适度，以及容下随身行李箱的话，建议单人间至少要12～15平方米、双人间要15～20平方米，才不至于太过拥挤，能享受到开放舒服的空间感。

Ⓐ 以民宿为目的地的搜房法

近几年来民宿大火，许多人以开一间民宿为梦想，也催生了许许多多特色民宿。特别是完美结合了周边景观的民宿，或是知名艺术家、建筑师所规划的民宿，只要是拥有自己风格的民宿，都备受推崇，以至于为了入住心仪的民宿，特意去规划一次旅行的人也越来越多。

会为了一间房去造访一方的，多半是有经济实力的人。既然如此，选择一间质量过硬还能享受到好山好水，更有美食相伴的民宿，就成了出游的重点。特别是照片越美、建筑越梦幻诱人，再伴随着一段浪漫故事的民宿，更是引人注目，吸引人一探究竟。为何会有人特地以民宿作为出游的目的地，怎样才能挑选到能达到自己目的的民宿呢？

大部分人预定此类民宿是想与重要的人一起度过。即使每天都见面的家人，扣除日常外出、工作时间，每天实际相处的时间其实少得可怜。许多人会安排一个不受工作打扰的假期，好好地与家人悠闲地度过，此时要考虑的，就是想要入住怎样的民宿。宽敞舒适，拥有泳池或 SPA 设备和充足玩耍空间的民宿，或者能提供全家人一起参与活动的民宿，都是可以考虑的。

还有一部分人到这类民宿是想要花钱。这里并不是“有钱就能当大爷”的意思，而是有时人需要通过消费来达到减压或享受被尊崇的感觉，而“花钱”的确能达到这样的效果。相对的，能为这样的客人提供服务的民宿，势必也要有点能耐，一般小规模的家庭民宿，可能无法耗费太多精力来服务“想要花钱”的客人。建议找已累积了高口碑的精品民宿，或价格较高、有限定服务人数的民宿，这样的民宿能配合客人特殊要求，特别调整用餐时间（或安排在房内用早餐），能安排求婚或有特别含义的仪式等，只要花得起钱，都能跟民宿商量。

还有想转换心情的人。工作上偶尔失误，导致心情失落；与家人起了摩擦，无法在家中一吐怨气；失恋了，想离家几天换个地方睡觉……转换了地方，对于心情的转换也很有帮助。能帮人转换心情的民宿，需要有个能发呆一整天的角落，能欣赏到风景的大窗台、整面满满的书墙……或者有个天台，放张躺椅，什么都不做，任性地躺上一天，原本杂乱的思绪被慢慢平复。此时最适合你的，是有主题性的民宿，住进去好好沉浸在民宿主人所打造的特别世界里，暂时忘记外界的纷扰，专注在自己身上吧。

也有许多人是为了追求居家设计灵感、收集住宿经验的单纯民宿迷。随着消费水平的提升，人们对生活质量的要求也越来越高，即使不从事设计或建筑专业，许多人也有追求设计感的需求，他们入住独特的民宿，欣赏一栋建筑，除了能在专业与视野上有所提高，还能与设计者有所交流。也有单纯爱上民宿的温馨，非民宿而不住的人。这样的话，有设计感的民宿将是他们的首选，例如知名设计师或建筑师的设计方案，原本设计来自住，却因不想私藏转而经营民宿；或者连锁酒店旗下的小规模精品民宿或客栈。

重点提示

住民宿的经验越多，越能了解自己的喜好。但也要将前面提到的六个基本条件放在心里，以免民宿照片与故事特别吸引自己，但实际入住时却大失所望。

一个人还是携带家人？人数决定居住格局

一个人出游时，完全不必考虑到旁人的需求，一人吃饱就全家不饿了，不管是选择住宿还是交通工具，自己决定就好，这也是为何现在“独游”如此风行的缘故。但相对的，一个人出游不但在安全上要多花精力，还无法找人分担住宿费、交通费等，也是比较吃亏的一点。

一个人时，该住怎样的民宿呢？其实只要想想你的预算，答案就很容易确定了。若你的预算高到天边，可以包下整栋民宿来住，想必民宿主人也是非常开心的，只需专注服务你一人即可。从青旅八人间的一张床铺，到独栋小屋的奢华，就由预算去决定吧！

两个人，情侣或夫妻的话，想甜蜜一点就选张大床，想两人各自轻松睡就选两张小床，也不必到了半夜还要互抢被子，或者有一方睡得腰酸背痛，但双人间至少要有15 ~ 20平方米。

其实一到两人的标准，要求都不需要太高，但三人以上的团体，就会很明显地感受到使用房内设备时的拥挤问题了。例如卫浴，还要谦让谁先洗澡，时间都耗在彼此等待、推托上面，等最后一个人洗完可能已经深夜了。带一个孩子的小家庭，尽量以两人为单位入住一间双人房，且卫浴最好也是分隔设计的，分开使用才不会因等待而浪费时间。

那什么才是适合家庭、朋友共游的民宿标准呢？有三种经济又实用的房型，是比较适合的：独栋屋、家庭房、可加床的房型。

独栋屋类似集合住宅，大部分起居设计有客厅、厨房、一套以上的卫浴、独立的房间等，所有设备都比照一般家庭，全部准备妥当，能自行采买食材回来下厨、制作婴儿食品，也有个客厅能一起用餐，讨论接下来的行程等，是最适合携家带眷入住的住所。若是朋友出游，这种房型也很便利，每个人既有自己的单独空间，又有能共同相处的客厅厨房。对于住宿超过两三天的团体来说，民宿有洗衣机，几乎是选择的关键。这类民宿主人，在旅客抵达时会先充分解释房内所有的设备，以及周边景点、餐厅等，甚至还会与附近商家合作，提供优惠券供旅客使用。这类民宿适合自主性高、喜欢自行规划行程的家庭。

若是喜欢将行程安排交给别人，或入住时需有人协助，那就推荐大中型民宿内的家庭房。家庭房在周末假日时，特别受家庭团体的欢迎，想要预订也得提早。许多民宿提供不同的床铺组合，例如两张双人床或三张单人床，一张双人床加一张

重点提示

预订出租式公寓或家庭房时，请一定要注意是以“人数”还是“房间数”收费，有时婴儿可免费入住，但各个国家有所不同（在日本婴儿会收住宿费，有时以成人半价计）。

◎欧美的独栋民宿，有些其实是一般人的民宅改装而成。

◎必备的厨房与餐桌，锅碗瓢盆一应俱全。

单人床等，床型设置需要提早告知，方便民宿主人安排。家庭房的格局，一般来说比单纯的双人房或三人房大些，有些甚至提供独立客厅与庭院，但人均价格却不一定高，这也是家人一起出游的好处。

第二节 找民宿要考察的关键点

A 留意民宿的规模

在第一章里，我们提到民宿的定义：利用自用住宅空闲房间，结合当地人文、自然景观、生态、环境资源及农林渔牧生产活动，以家庭副业方式经营，提供旅客乡野生活之住宿处所。既然是家庭式经营，那么可能实际上的工作人员不多，若在旺季时顶多也只临时增加几个人手。

以一个四口之家为例，民宿日常的营运，从客人接送、房间清扫、应对，若再加上供应餐饮，分工上已经非常紧张，但毕竟是家族事业，所以经常会看到民宿主人的女婿、儿媳妇或亲戚也加入营运工作，变成数个家庭共同经营的模式。

一般的休闲酒店，为了保证旅客度假享受的满足感，一间客房平均需要 1.2 ~ 1.5 个工作者。在旅馆业法规成熟的国家来看（例如英美法等国），真正符合法规的民宿，客房数平均在五间以下，这也是家庭式经营的负担上限，毕竟旅客们进出时间不一，光是花在往来送迎上，对民宿来说就是个很大的人力负担了，五间以下是一家人运营起来最经济的规模。若一家民宿只有一家人在经营，但房间数却在五间以上，甚至超过十间的规模，那可能就要被怀疑：这家民宿的管理质量是否有问题？是不是打着民宿之名，行酒店之实？除非该民宿能在旺季时招到足够的临时工，不然光靠一家四口，不仅工作分配上非常困难，旅客住宿时的每个环节肯定也衔接不良，可能还来不及更换床单，下一组旅客就要马上入住了，甚至会出现清洁不彻底、床单不更换的情况。

民宿的规模及实际工作人数，绝对是影响该民宿质量的第一要素。不想在难得的假期碰上这种事情，记得在搜寻民宿时，一定要留心房间数是否合理，否则在床单上发现别人睡过的痕迹，这种感觉真的非常扫兴。

当然，也不排除因为经营得好而拓展规模的民宿，可能今年去只有一栋小屋，来年再访时，民宿主人已经购入隔壁邻居的物业，整排房子甚至整个山头都纳入了该民宿的范围。但民宿扩大规模经营后，旅人是否还维持着初访时的感动，依我的经验来说，一般是打对折的。毕竟小而美的民宿，当初令人爱上的温暖元素，会随着规模扩大而被稀释，因为情怀与风格是最难复制的东西。

有些民宿会随着淡旺季调整营运规模。例如滑雪小屋，通常冬季时生意最好，入住率几乎是百分之百，在雪季来临前，会招大量临时工作人员分摊搬运、清扫的工作。而进入夏季，即使周围有适合登山踏青的路线，也只能开放部分客房，举办登山、泛舟或露营等主题活动，同时将人手与开销降到最低，才能维持营运。所以这类充满季节特性的民宿，就不在此列。

重点提示

虽然有些称之为民宿，房间数却有十间以上的规模，这样的设施基本上已经不是民宿，可称得上是酒店了。虽然自称为“民宿”，但请当它是间酒店或客栈。

民宿主人才是民宿的灵魂

除了当地居民，民宿主人应当比一般人更了解当地风土民情。我认为一个好的民宿主人，应该具备以下基本条件，有些可在预订过程中事先检验出来：

★亲自坐镇经营：有心打造好民宿的主人，通常不假他人之手。仅外包或雇用员工经营，但自己却不参与经营的民宿主人，明显没有用心。试问，若主人经常不在家，员工只负责接单与订退房，下了班后有事谁来负责？

★热情好客：民宿最吸引人的就是家的感觉，主人与旅客之间的互动很重要。若主人个性冷淡、无法接话，或冷眼对待旅客的要求，任谁都想立刻打道回府，这样的人也不适合开民宿。

★品味独特：民宿的外观与装潢仰赖主人的设计感，其风格是否合你的眼缘？若民宿单调乏味，设计风格你也不喜欢，那又何必花钱去住？若是抄袭了别人的设计，那也只是模仿者。

★定价合理：旅游旺季的价格，难免翻涨，但要保持在旅客能接受的合理范围内。若旺季价格是平日的两三倍以上，甚至更高，有可能这家民宿平时口碑不佳，拉不到客人，只能靠旺季时宰客。

★网站用心维护：“更新时间：2002 年 10 月……”这样的民宿你敢去住吗？自家网站是民宿重要的门面，若平常就不好好打理，编排粗糙，介绍也稀稀落落，照片模糊不清，就可以放弃这家了。甚至订房网上的信息不及时更新的，也是不够格的民宿。

★旅客留言簿：有自信的民宿主人，有勇气放本留言簿，让入住的旅客尽情留下感想，这也是个很好的心得交流站，让每个住过的人产生共鸣。若留言簿有被撕除的痕迹，可能是被写了不能见人的差评。

★软硬并重：好的民宿主人，不能只用情怀与温情做号召，而硬件设施却跟不上时代，陈设老旧不愿更新，房内细节比不上网页上的美丽故事。

★不贪心：碰上什么生意都想做，或者一味推销当地特产、套装行程的民宿主人，会让人特别不舒服。既然叫民宿，主人就应该亲切不给人压力，才有家的感觉。

第三节 设计一份好的行程表

你曾经历过这样的事吗？好不容易赶到机场，却发现班机在昨天就起飞离开了，或者柜台人员告知你是明天起飞；预定好的民宿，搞不清楚到底是住哪几个晚上，以至于错订了租车时间，白白损失订金。诸如此类惨剧，相信每个人都发生过，但一直重复发生的话，不仅白白浪费宝贵时间与金钱，一起被拖垮的同伴也不会有好脸色看。

写行程表？有人会想又不是上班，为何还要写这种有如计划般的东西。人脑集中精神的时间最多只有二十分钟，松懈下来是为了节省精力，放在接下来的重点上。旅行时脑袋经常被许多琐事占据，要搬运行李、寻找塞在背包底下的护照等，原本记好的事，往往一下子就被打乱顺序，记错时间根本就是家常便饭。虽然说旅途中欣赏沿路的风景很重要，但到了转换地点时，按表行动才是不出错的基本功，一份精准行程表的存在意义就浮现出来了。

一般来说，若是国内短短两三天的行程，或者独旅的时候，是不太需要写行程表的，只要将重要的交通时间、住宿地点与联络电话写在笔记本或写份记录留存在手机中，就足够了。但若是跨时区、跨洲、跨洋的行程，由于牵涉到日期与时差的转换，一份详细好阅读的行程表绝对是有力地帮手，每个爱旅行的人，不一定每次都要准备，但一定要懂如何写份行程表，总有一天会派上用场。历经一段长期旅行，住宿之间彼此衔接得好，才不会浪费宝贵精力，充分把握入住的休息时间。特别是行程的规划者，需要比其他同伴更清楚大方向，与其花费时间解释，不如写份行程表给大家，同时也让旅行者心中有个底。

清楚易懂的行程表，只需要一份月历、不同色调的荧光笔。开始规划行程时，就能以天为单位，填入主要的行程以及住宿地点。在规划长期旅程时，千万不能凭感觉来记住所有交通手段与住宿地点，最好按照日期推进，仔细填进去。例如下图，清楚把握每天有哪些景点，而且不漏掉转移目的地时的住宿。以月历的形态来制作，远比一张长长的表格符合一般人的阅读习惯。虽然琐碎，但万一你是行程的规划者，或是曾经有过飞机前晚就飞走、订错火车时间、经常不准时抵达住宿点等糟糕经历，老老实实写一份行程表吧，对你将有很大帮助。不浪费自己与他人的时间，是基本的礼貌。

<table>
<tr><td>10 月 28 日：
里斯本
Peniche 渔港
Coimbra 古老大学
Óbidos 中世纪城镇</td><td>10 月 29 日：
里斯本
阿尔法玛
自由大道
圣胡斯塔升降梯</td><td>10 月 30 日：
里斯本
Sintra 皇宫
圣乔治城堡
大航海纪念碑</td><td>10 月 31 日：
南部海岸
Lagos
Faro</td></tr>
<tr><td>住：Bairro Alto Apartment</td><td colspan="2">住：Oporto Chic & Cozy Studio Apartments</td><td>住：Apartamentos da Muralha</td></tr>
<tr><td>11 月 1 日：
西班牙南部
11:00 Faro 机场还车
Faro 机场改搭 Taxi 到 Huelva
开车到 Ronda 晚餐</td><td>11 月 2 日：
西班牙南部
Ronda 斗牛场
Puente Nuevo 桥</td><td>11 月 2 日：
Granada
阿尔汗布拉宫</td><td>11 月 2 日：
Granada
阿尔拜辛</td></tr>
<tr><td colspan="2">住：Viviendas Tur í sticas Los Arrayanes</td><td colspan="2">住：Airbnb</td></tr>
</table>

第四节 订房工具

接下来介绍几个我常用的订房网站。现代人受惠于发达的网络信息，再加上有了手机，走到哪里都有定位功能，要迷路也不容易，不好的民宿也因为网络传播而难以躲藏，这对民宿从业者也是一种督促。

但一般订房网站很少将民宿拉出来，成为一个独立项目，在搜索时也只能以设施名称、规模来判断是否为一家民宿。但现在民宿业蓬勃发展，也有许多标榜专门预订特色民宿的网站出现，对于喜爱民宿的人来说，也是个好消息。接下来就看看有哪些实用的网站，能找到充满特色的民宿。

民宿怎么命名？各国有学问

每个国家的民宿也受历史与自然的影响，发展出不同的形态与命名，研究时也是种乐趣。例如东南亚由于建材多用竹编或木材，所以搜寻民宿时，可多留意名称上为Bungalows（小木屋）、Cottages（小屋）、Lodge（山林小屋）、Villa、House、Home的选项。

既然民宿一词来自日本，日本民宿从名称上就非常好辨识，通常就叫民宿，或の家、の宿、庄等；若是偏西洋风的欧式民宿，名称内会有Auberge（客栈）、Pension（别庄）、Guest House（客栈）等。

在英美新澳等英语国家，搜寻民宿可多留意名称为B&B、Guesthouse、Lodge、Home、Farm Inn、Stay、Room等；法国则为Chambre（房间）、Maison（家）；德国、奥地利为Pension（别庄）；在葡萄牙、西班牙两国搜寻民宿时，为Casa（家）等。如今顺应全球化潮流，方便广吸各国旅客，各国民宿大多以英文命名，便于接受各国观光客的预订。

欧美各国及日本的民宿发展历史悠久，法规已经相当成熟，是民宿还是酒店，很容易从名称、规模来分辨，在中国，如今的民宿代表了一种生活格调、一种情怀，许多酒店也亟欲利用故事营销，帮自己包上一层糖衣，对外自称是民宿，实质上却是酒店，但大部分可算广义上的民宿。

民宿这名称，本来就是外来的名词，若严格一点，依照国外的标准来看，国内真正符合民宿资格的，只有农家乐了。以目前的国内发展阶段来看，若一个小规模住宿，拥有自己的特色、能提供深入的当地体验、主人拥有独特品味与待客热忱，我认为就能当它是间民宿了。毕竟目前是民宿蓬勃发展期，想要迈入成熟期，势必会经过一番大浪淘沙的过程，才能留下真正品质过硬的经营者，这也是所有旅客的福音。

订房网站（国内/国外）

现在想要订酒店或饭店，不再通过旅行社，自行在网上订房者居多。这类综合性的国际订房网站，提供了具有竞争力的价格，以及横跨海内外的客户服务，自然是自由行时订房的首选。现在精选几个好用的网站推荐给大家：

国外：Booking.com 缤客、Hotels.com 好订网、Agoda 安可达。

营运中心位于荷兰、实际属于美国 Priceline 集团的 Booking.com 缤客，以及 Hotels.com 好订网、Agoda 安可达，可算是订房网站的先驱，在订房服务上累积了长久经验，也深知旅客的需求。在这几个平台上，不仅能搜寻酒店与饭店，也能搜寻度假公寓、民宿、B&B 等，涵盖的类型近乎全面。不只住宿，

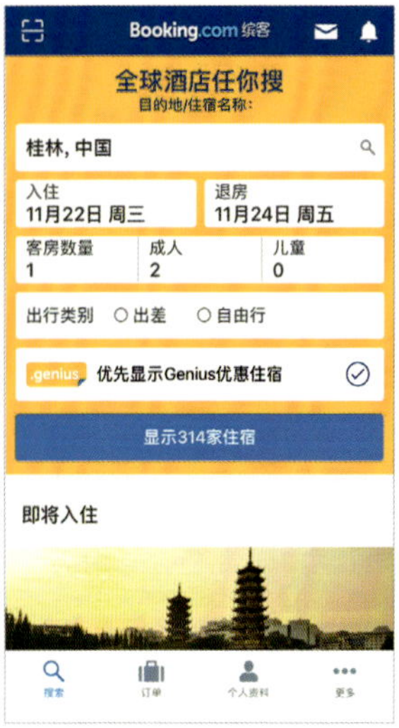

订房网站我首推 Booking.com 缤客，手机 APP 按下搜寻后，接下来呈现的页面使得每间住宿的特色一目了然。

◎ Hotels.com 好订网首页相当吸引人，但按下搜寻后呈现的信息较少，仅有优惠部分较明显。

◎简洁的 Agoda 安可达首页。Agoda 安可达在亚太地区有绝对优势，酒店数量与价格颇具竞争力。

你还能在网站上预订机场接送、租车、机票等相关服务，或者直接推荐你到集团经营的其他网站。

三个网站各自的 iPad 版与手机 APP，在多年试炼后，可以说结合得完美无缺，界面也非常流畅，又有友善的多国语言版本，让人看清楚订房细则。即使是无法刷卡的民宿，也能通过订房网站代刷房费，相当方便。在登录订房网站时，虽然不需要做身份认证，但最基本的要求是需“登录信用卡”，一来是为了能预刷房费，确保卖方权益，二来也自动有了发卡银行代为征信，省去彼此的麻烦，但有些小型民宿会提供免信用卡担保，降低门槛吸引旅客上门。

虽然三者都是知名网站，但长年使用下来，我推荐 Booking.com 滨客的设计。界面简洁外，其最大优势是预订时不用立即付款，等入住后再在柜台以当地货币支付房费（仍须填写信用卡号作为担保）即可，若最终没有入住，可以根据酒店取消政策，支付一定比例罚款，但有许多酒店皆能到入住前一天取消，弹性非常大。而且只要一年内订房满五次，就能成为 Genius 常客会员，可以在许多酒店享有 10% 折扣，以及延后退房、提早入住、迎宾果汁等额外服务。酒店的基本介绍，订房规则与显示方式，也清楚易懂。

每个人对住宿条件的要求不尽相同，可依自身需求来搜房。但有几点是订房网站在多年调研旅客喜好后所得到的基本结论，通常也是网站拿来刺激预订的诱因：

★有无线上网、免费早餐；

★有特惠促销；

★可免费取消预订；

★地点便利度；

★清洁度、员工水平、评价真实性。

特别推荐“免费取消预订”功能，计划经常变动、订完后发现有更心动的酒店与价格时，就会发现这一功能非常实用。但注意！可不是全部房型都适用，有时同一房型的价格会分为“免费取消”与“立即支付”，能“免费取消”的通常稍贵，但若这趟自由行计划变动较大，“免费取消”就派上用场了，但有时有时效限制。也要小心，可别看到“立即支付”较便宜，就傻傻地先下订，想改变主意取消时，通常要损失点手续费，甚至是全额支付，在此特别提醒大家：自由行时有许多不可抗力的因素，逼迫你改变或取消计划。别觉得可惜，宁可多付一点，保住更多旅费。

其他附加功能如“个人需求”“特殊要求”，可在预订时填写。但我发现并非每间酒店都会留心旅客的要求。例如有一次到访广岛的民宿，特别注明要“无烟房”，但还是被安排到一间充满烟臭味的房间，实在无法忍受，跟柜台抗议后他们才发现我的留言，这是个相当鸡肋的功能（也有可能是语言因素）。毕竟订房网站只是个平台，难以直接监督到所有人，最好预订完成后再电话联系一下，以确保安全。

国内：Ctrip 携程网、飞猪、去哪儿。

受限于预算因素，一般旅客选择目的地时往往首选是境内，其次是海外免签国家，再次才是需要签证的国家。而中国本土观光资源丰富，

◎订房网可“免费取消”的房间，多半都需要预刷房费作为预订保证金，俗称“担保”，但实际未扣款，要到前台再付一次。

◎携程网的界面简洁好用，特别是将酒店加入“喜爱酒店”后，会自动依城市区隔开来，方便查找。

光是境内旅游市场就非常巨大，这片沃土也让国内订房网站得以蓬勃发展。

老牌子携程网，与旗下的去哪儿网和阿里集团的飞猪等，都属于订房、订机票、订火车票等一条龙式的网

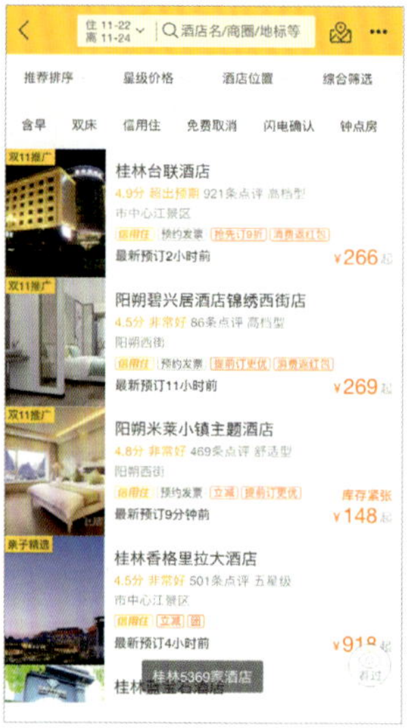

◎阿里集团的飞猪，界面延续了淘宝网的百货商城特色。

◎同属携程网的去哪儿网，特别将酒店的种类区分得很清楚，可分类查找。

站，携程网以简洁的画面、好用的“喜爱酒店”功能，在使用便利度上居冠。去哪儿网与飞猪则近似一般的购物网站入口，虽然是想强化服务一站全包的印象，但在视觉上稍嫌凌乱。

现在订房网站竞争激烈，不管用哪个，彼此间的优惠已无太大差异，许多电商皆提供订票订房服务，且现在又冒出许多团购网如美团，也能提供订房的渠道，养成了大众哪里便宜去哪里的习惯，其实不管是国外还是国内的订房网站，功能与优惠大同小异，但想在中国境内订机票酒店，务必先使用本地的网站，中文客服就是绝对优势。但到了境外，这些网站就有种施展不开的无奈感，能提供的海外房源数量仍不太多，而且使用习惯仍有差异，导致到海外后实际预订状况可能跟网站告知的有所出入，在异乡遭遇这种事情总是不愉快，拨打国际电话解决更是心疼又着急，这是我个人的经验之谈。

另外，由于国内订房网的功能比较接近比价网站，例如飞猪的一种房型会列出多种价格选择，令人眼花缭乱。这是因为订房网站跟酒店之间不一定是直销模式，有时是通过多个订房代理平台，所以同一房型才会罗列出一堆价格。而订房代理平台还不一定是真正的上游，有时只是下游收单后，再把旅客“卖给”上游，辗转再交给酒店。所以即使你在界面上按下“预订”，那并不代表已成功订到了房，订房网

◎飞猪的同一房型会罗列出不同价格，底下可见有的来自酒店直销，还有不同订房代理商的价格。

还需与第三方（代理商）人工确认，确认后，你才真正“预订”成功，等待时间从数分钟到几小时都有可能。更别说你在上面预订的是海外的酒店，真正确认可能需要一个工作日。

根据我的经验，虽然携程网特价酒店的选择不少，但主要集中在一些大的热门旅游城市，想要找一些偏远的地方，或是特别的精品酒店或民宿，数量会比较少。若是想搜寻特别的民宿，建议可尝试其他订房网，或者接下来要介绍的民宿网。

重点提示

国内订房请选国内网站，海外订房请选海外网站，若怕语言不通，也可找信任的旅行社代订会比较安心。

民宿网（国内/国外）

自 Airbnb 民宿网火红后，标榜的是能跟陌生旅客分享闲置的房源，顺势带起了分享经济这个名词。由于进入门槛低，一般人也能轻松当房东，做起短租的生意，意外地开启了崭新的旅宿市场。不管是专业的民宿，还是业余的分享房源，与一般订房网相比，Airbnb 更专注于民宿这块市场的开发与经营。

国外：Airbnb 爱彼迎、HomeAway。

风行世界的 Airbnb 爱彼迎，大家应该都不陌生，专门提供世界各地独特的民宅，鼓励大家将自家空房或剩余房源出租给旅人。Airbnb 爱彼迎自 2008 年问世以来，至今已经累积了数百万个房源，无论你想找绿意盎然的古堡、充满设计感的公寓，还是郊区 LOFT 风的仓库，甚至船屋、货柜、树屋、校车、洞穴，只要经过修整改建，成为舒适愉快的住处，都能在 Airbnb 网站上找得到，也住得到。火红的 Airbnb 不仅迅速成为数千万人出游时寻找民宅的新选择，而且若与房东互动良好，交个朋友，也算是种新的旅游收获。若 Airbnb 玩得好，说不定你哪天也动了心，自己变身为房东，打开大门迎接来自全世界的旅人，不用出远门就能认识新朋友，Airbnb 肯定是这类“社交型旅游”的先驱。

Airbnb 民宿网的盈利模式，来自收取预订住宿时产生的中介费用——向房客收取 6% ~ 12% 的服务费，同时也从房东那里收取 3% 服务费。Airbnb 遍布于世界各地、几百万的房源，在许多知名的旅游城市，Airbnb 设置了专属的办公室，让位于该城市的房东，以及前来旅游住宿的房客，得到官方便捷的协助，提升了更多人敞开心胸迎接陌生旅客的信心。

擅长利用故事营销的 Airbnb，为了消弭房东对于让陌生人住进来的疑虑，强力宣传旅人利用 Airbnb 创造美好的旅行回忆的温情故事。对于房东来说，经营民宿能有实际的收入，可以分担房贷或房租，甚至能预存在账号内，作为下次预订别人民宿时的基金。这一切看似美好，但近年来 Airbnb 在中国进行强力推广的同时，所在地房源以及邻近的东北亚、东南亚房源的不足，让 Airbnb 在中国稍嫌施展不开。但作为境外旅游时寻找民宿的工具，拥有近四百万房源（2017 年底统计数字）的 Airbnb 仍然是强而有力的第一选择。

作为一家全球性企业，Airbnb 的野心当然不只在住宿市场。当你打开官网时，映入眼帘的，除了 Airbnb 主推的住宿，还有体验与餐饮等延伸性的旅游周边服务。或

◎一打开 Airbnb 手机 APP，就发现它在试图引导旅客一次完成搜房、找寻体验、预订餐馆等多种服务。

许在不久的将来，人们一打开网站就能享有吃喝游住一站式的完整体验。你可能在 Airbnb 预订了一间民宿，截至你动身出发前，Airbnb 会陆续“提醒”你该景点有什么有趣、值得体验的玩法，也会主动推荐你当地的餐厅、咖啡店或时尚酒吧等，似乎在朝着全能型旅行社的道路前进。但这种强调体验的旅游方式，是否符合使用者的国情，仍然需要观察。但不可否认，这会是未来急速成长的市场。

使用上非常简单，Airbnb 采用实名制，你可以直接创建账号，实际要预订房源时（房东发布房源时相同），需提供一些政府机构发行的证照，以及能联络到的手机号码，这也是为了保障房东与租客双方的权益，毕竟没有人想预订一间虚假的房源，在异国流离失所吧？房东也不想把宝贵的房子，租给一个来路不明、没有登录身份的陌生人。在欧美，政府皆会要求酒店记录住客护照与电话等信息，而这也是人与人之间彼此信任的一个基石。Airbnb 已经推出多年，虽然偶有租客破坏房内设施，或房东将家具的自然损坏归咎租客等负面消息（其实一般酒店也经常有消费纠纷），但这种敞开自家门、迎接来自世界各地的陌生旅客的模式，在欧美运行堪称良好，而且起到了振兴地方经济的作用。在中国境内，目前房源还不是很多，来客也大多是外国人。

如果你想要深入当地，体验本地人的生活，利用 Airbnb 预订一间喜欢的民宿，是我非常推荐的方式，因为至少房东是第一个会热情迎接你的当地人，若房东还是个天生善于社交又能聊的人，那你会非常幸运。但请别将陌生人的热情当成常态，毕竟上门的你对大部分房东而言，仅是一笔生意而已，双方只要银货两讫、愉快完成住宿的交易，就已经算是服务良好了。只要不是太麻烦，一般房东都会适度给予租客旅游建议，熟门熟路的房东还会制作手册，提供给租客参考（偶尔还会夹几张折价券）。

另外，也请当个有礼貌的客人——保持基本礼仪与清洁，为了让这套共享经济的模式运作良好，势必需要建立起房东与租客互信的基础。Airbnb 实行让房东与租客互评的制度，每次愉快入住的结束，都是帮自己累积良好信用的机会。

不论你是单人独旅、情侣夫妻还是三两好友打算相约一起国外旅游，想要节省下住宿费，以便玩得更多更久，如果你们自主性高，懂得料理食物，那 Airbnb 的出现可说是个好消息，因为它符合了现代人喜爱深入当地、体验当个当地人的心态。即使短期内不会出国，偶尔打开网站浏览一些别致的房源，也算是一种娱乐。

另一家度假公寓在线订房平台 HomeAway，虽然与 Airbnb 一样标榜着入住当地人的家，但做的是整栋房屋与别墅的出租业务，且收费方式也不尽相同。想要出租闲置房产的房东，只要支付年费就能无限发布出租信息，平台并不涉入订

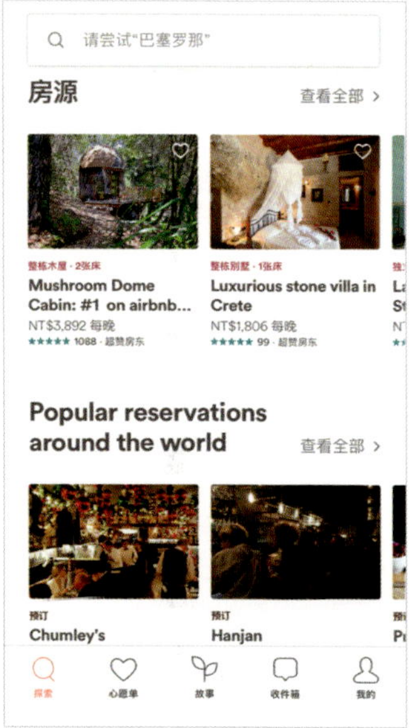

◎ Airbnb 的 APP 首页，仍倾向推荐国外深具特色的房源，以及急欲推广的当地体验，亚洲房源较为少见。

单的交易。简单来说，Airbnb 聚焦在人数少（一至四人）的旅游订房与周边服务上，HomeAway 则聚焦在家庭与团体度假出游的订房服务上，专注的目标客群不同，但许多民宿业者会同时在两个平台上发布房源，以求更多曝光机会。

如果你想通过旅游，为家人创造一个难忘的活动，或是安排一场甜蜜无比的蜜月假期，HomeAway 上有更多适合团体出游的房源，也不似 Airbnb 会额外收取预订手续费以及意义不明的清洁费，而且比住酒店饭店有更大的省钱空间，能享受到自行安排假期的自由感。而且 HomeAway 自收购新加坡度假租赁平台 Travelmob 之后，更强化了在亚洲经营的经验。一打开网站，就自动秀出邻近亚洲国家的房源，这一点比 Airbnb 体贴许多。但由于 HomeAway 标榜只是撮合房东与租客的平台，并不涉入订单交易，在房源质量的管控上也许比 Airbnb 来的弱些，但积极做生意的房东或专业代管公司也不是省油

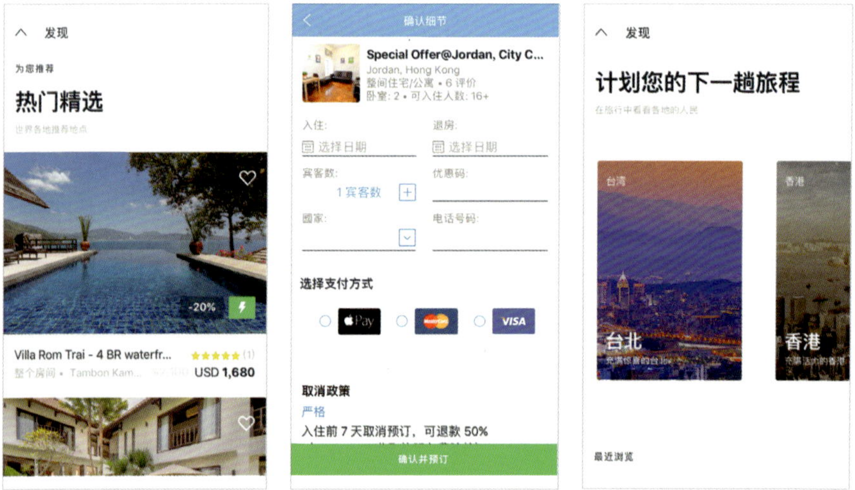

HomeAway 的手机 APP 一打开，马上就主动推荐邻近国家以及精选的房源，更加体贴亚洲地区使用者。

的灯，维持高质量的房源仍是出租率胜出的关键。只要挑选拥有许多好评价的房源，一般来说仍可放心。

在 Airbnb 爱彼迎、HomeAway 出现后，分享经济这个名词迅速为人所知，“社交型旅游”也成了全新好玩的旅游方式，让人踏上旅途时多了一分期待与想象。此外，民宿网也补足了许多景点在高峰期酒店房间不足的缺点，吸纳了更多游客，也多少活络了当地经济。例如巴黎某些区域，听说入住 Airbnb 的游客，甚至比当地居民人数还多，旅居在当地的租客们，比起行动受旅行社控制的团客，更容易在当地消费，对当地经济产生贡献。这些吃喝玩乐所衍生的经济规模，也是不容小觑的。

此外，民宿网也多少帮助了一部分房东，把闲置的空房转化为实质收入，用来缴房贷或房租，缓解了一部分财务压力。随着出游的个性化需求越来越高，建议你赶快登录这两个网站，发掘未曾体验过的旅游方式吧！我也是在 2011 年首次接触到 Airbnb，现在出游时几乎有一半的住宿都是通过民宿网预订的，也认识了不少外国朋友。

关于 Airbnb 的民宿网攻略，可参考我的另一本书《民宿网 Airbnb，带你住进全世界人的家》（2017 年出版）。

国内：途家网、小猪短租、蚂蚁短租。

重点提示

建议进房时，先将房内所有设施大致拍张清楚的照片，以免事后房东对退房状况有争议！毕竟对方是什么人我们无法探知，这是基本的自我保护措施。

相对于 Airbnb 在中国境内经营上的步履维艰，中国本土的小猪短租与蚂蚁短租则乘着人们生活水平提升、出游次数日益频繁的东风，抢先攻占了短租与民宿预订的先机。同时特别为照顾中国游客的习惯而设置出许多功能，例如可使用支付宝或微信支付、引入身份证验证机制、绑定租客银行卡、接入芝麻信用积分等，加上 Airbnb 在使用设计上仍有一部分设置不符合中国传统的消费习惯，且房源仍多位于海外，两大原因让国内相关网站在短时间内仍然有不可撼动的地位。

以往专注在度假公寓出租平台的途家网，协助拥有房源的房东或代管房产公司出租，标榜提供“旅途中的家”，近来也转向 Airbnb 的 C2C 模式，开始大力抢攻民宿市场。但比较特别的是，途家网有部分自营房源，房源的安全、质量与内装也有保障。途家网一直以来被称为“中国的 Airbnb”，其对房源拥有强大的掌控力，还有明确的品牌定位，这一点要优于 Airbnb。你可以在途家网上找到理想的短租房源，也能找到加盟途家网、有质量保证的“类酒店”，以及各种特色民宿，可说是综合了 Airbnb 爱彼迎与 HomeAway 两者的优势。途家网也特别偏好在机场附近布点，吸纳由机场吞吐出的客源，能第一时间拦截到潜在租客。

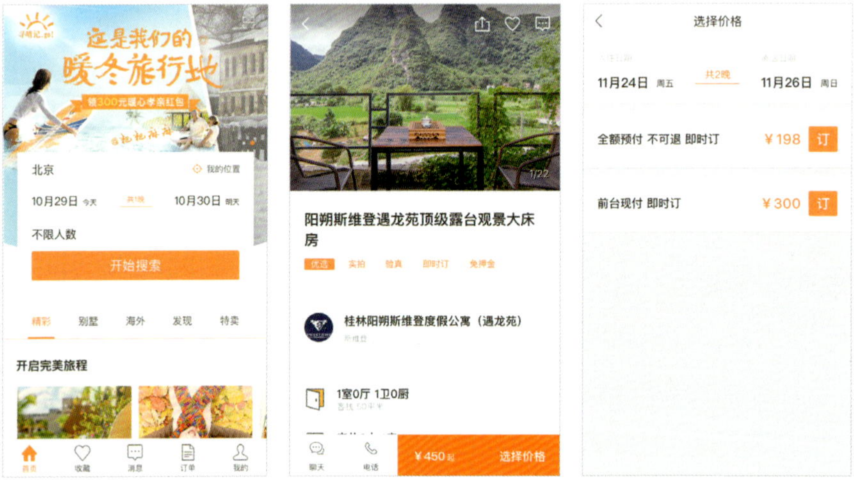

◎途家网的手机 APP，可搜寻到一般房源与部分有途家冠名的度假公寓、民宿与酒店。

途家网迎合了家庭自由行与自驾游的风潮，站稳了市场。但也受限于市场经营的广度，缺乏海外房源，无法为既有使用者提供境外的足够选择，则是其不足之处。

途家网采用类似酒店的预订方式，由于是与房东或业主合作分成，租客不需支付预订手续费。刚开始注册时，只需绑定租客的手机号码，实际预订时，会再要求通过身份证验证系统，直至支付才需要绑定租客的银行卡。可接受支付宝、微信等支付方式，大大加强了网站的便利度。

小猪短租与蚂蚁短租，经营模式则近似 Airbnb，同样专长于在短租市场，却比 Airbnb 深耕更久，能搜寻到更多本地房源，迎合多数人的境内出游需求。

小猪短租与蚂蚁短租一样可用支付宝或微信支付，租客需通过身份证验证机制、绑定租客银行卡、手机等。由于目前国内酒店价格不太高昂，为了与酒店竞争，这些民宿网上的房源价格通常只有酒店的一半不到，对于只是短暂停留的旅人，例如求职、赴考、就医、背包客、参加演唱会或表演、探亲等，民宿网的短租模式正补足了这部分低预算出游的市场。再加上强调“家”的情怀，让这两大民宿网迅速攻占了国内大部分的短租市场。

这类民宿网在区域优势上比较明显，有些在一线城市占有率极高，有些则深耕二三线城市或某些省份等，资源略为分散，在搜房时可能要稍加留意。使用时若搜寻不到目的地适合的房源，需要同时开启两三个网站比较一下，才可能找到较佳的选择。

不管是民宿网刚起步的前几年，还是前景大好的现在，对于大多数人来说，让陌生人住进家里，仍然是一件需要斟酌良久、内心尚有抵抗的事，更别说要说服家人一起敞开大门，因为有可能会改变全家人的作息，造成家庭矛盾。当然，住进

各种国内外短租、民宿网订房之优劣比较

对比项目	Airbnb 爱彼迎	小猪网 / 蚂蚁短租	途家网	HomeAway
适合人数	一至四人		二至五人及以上	
适合族群	求职、赴考、就医、背包客、参加演唱会或表演、探亲的人，或喜欢与当地人接触的人，逗留时间超过两周以上		中高层主管、家庭出游、企业主度假、新婚蜜月、员工旅游、好友结伴、异地短期工作	
主要房型	小套房、公寓、独栋房屋、各种你想得到且能住的空间	小套房、公寓、独栋房屋	小套房、公寓、大厦、独栋房屋	高级公寓、别墅、小木屋、古堡、Villa 等
费用	低、中（租客与房东皆需支付手续费）	低、中（房东支付成交手续费）	中（房东与途家网分成）	中、高（房东支付发布年费）
优点	●世界上最大的短租与民宿预订平台，在全世界有超过四百万个房源，房源数位居同类型网站第一（截至 2017 年底） ●房屋类型种类齐全，相对能压低价格 ●地段相对较好 ●入住后 24 小时房东才能收到费用，对房客保障度高 ●可与房东建立单纯短期的交流 ●网站强化引导旅人体验当地文化特色	●在中国地区房源数量上具绝对优势 ●协助房东经营力道较大（例如免费安装智能门锁） ●租客免手续费 ●服务各方面较迎合中国国情 ●经常有低价促销	●中国最大度假公寓民宿预订平台 ●被喻为"Airbnb 的中国改良版"，以酒店营运的方式，管理闲置房源，并进行统一的装修 ●由物业公司直接管理，房源水平较平均 ●特别针对家庭出游，提供完整配套服务	●房东支付房源发布费用 ●多为富人置产后的闲置房源，生活空间较大 ●至少有两房两厅一卫以上，且设备充足 ●房屋维护的水平较高 ●周围环境较佳
缺点	●租客可能会因为被房东挑剔身份、住宿天数等原因而被拒入住 ●中国快捷酒店、招待所众多，Airbnb 爱彼迎竞争优势不大 ●国内房源较少 ●除非与房东同住，否则突然有状况发生时很难找到房东帮忙 ●另外收取清洁费，偶有争议	●海外房源选择不多 ●房东与租客的联络方式受屏蔽，预订成功后也无法互相联系 ●对房东与租客的认证不够严密 ●除非同住，突然有状况发生时很容易找不到房东帮忙	●海外房源选择不多 ●房源装潢统一，较无变化	●使用海外支付方式（如 Paypal），衍生手续费较高 ●整栋出租较多 ●价格较高昂 ●除非同住，突然有状况发生时很容易找不到房东帮忙

陌生人的家里同样有些别扭。“分享住宿”这个商业行为，多少也受到政策、卫生、安全等诸多管制，但不可否认，这是一个潮流与趋势。与其抗拒，不如当个率先响应的人，提早走入未来的风潮。也许你会跟我一样，一经开始就乐此不疲，住遍全世界的人家。

地图 APP

地图是手机的重要功能，现代人外出时几乎都要靠它确认方向，若你是重视酒店地理位置胜于一切的人，使用手机的地图 APP 来查找目标是个好方法，地图 APP 当然也要趁机抓住正好有旅游与订房需求的人。

先打开 APP 探查目的地大致的地形、交通要道，决定要住在哪个区域后，APP 会提供“探索”该区域的功能，包括美食、景点、住宿、票券预订等，应有尽有。基本上 APP 的“探索”功能，会着重在当地的信息上，使用起来类似当地的旅游攻略。

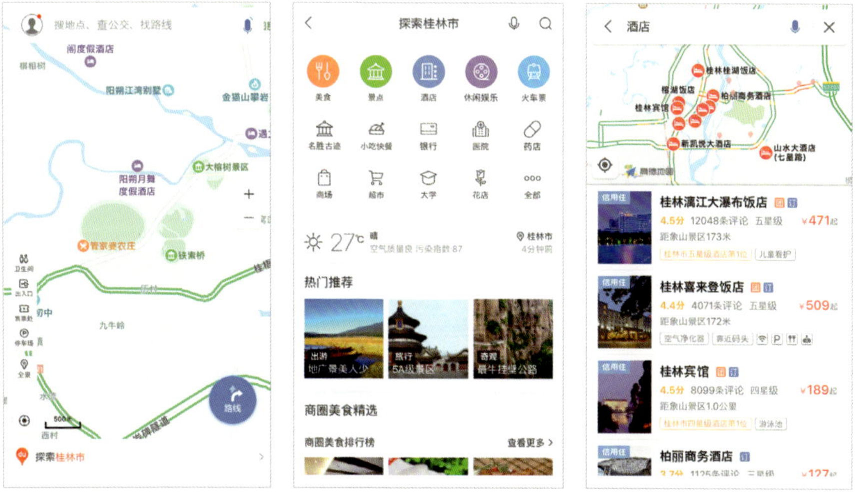

◎百度与高德地图只要搜索某一地区后，底下就会主动跳出“探索”，点开就会显示多种当地的信息，包括住宿预订。

使用率最高的百度地图与高德地图，两者都不是专业的订房中心，多半是与较大的订房网如携程网、去哪儿网等合作，为订房网导入更多流量。使用者在 APP 内留下的评论，也导入了各种订房网，来加强浏览者下订单的信心。

旅游点评网站

现在的人相当在意性价比，吃喝玩乐样样都要先看过点评。这也是因为网上有太多虚假的信息，顾客经常被美化过的酒店、餐厅骗上门。如果有人先踏出一步，分享了心得，后来者也会少上一次当。

TripAdvisor 猫途鹰是国际性的旅游评论网站，主要以提供全世界酒店、景点、餐厅等旅游周边信息为主，来自全世界的人都能在网站上分享、撰写点评。为了提升网站浏览率，猫途鹰网站的设计具有很强的互动性，积极鼓励使用者分享经验，随着撰写实用点评的数量增多，撰写者在网站中的身份可以获得阶梯式提升，逐渐迈向达人等级，非常有成就感。中国的大众点评网也是类似的网站，但主要针对餐饮娱乐行业，属于生活消费指南网站。

不管是外来的猫途鹰还是本土的大众点评网，基本上都是以商业为目的的，刚开始时的界面着重于点评与口碑排名，让其他未曾到访过酒店或餐厅的人有个参考依据。但随着在线订房、订位功能的提升，现在一打开手机 APP，查到的酒店与餐厅的列表顺序，几乎是人为主导的，而且直接亮出预订按钮与价格，与一般订房网功能无异。想知道真正的口碑排行，必须自行决定筛选条件才能重现。

远来的和尚——猫途鹰，刚进入中国时相当缺乏本地住宿与餐厅的评论，也必须导入本地点评网站——到到网的数据，充实网站深度，才能吸引更多人到访。现在的猫途鹰一打开，清一色的预设为中文使用者点评，若想知道更多海外旅客的点评，可将界面改为英文，了解更多外国人的不同观点，比单看中文点评客观些，有时看看外国人的点评角度还挺有趣的。

在海外，登上猫途鹰人气排行的酒店、商家、景点，就代表受到大多数旅客的肯定，也会在门口挂上猫途鹰的标志来招揽生意。但作为曾经的重度依赖者，我现在很少打开猫途鹰了。因为现在有太多同类型的网站，现在的猫途鹰已跟其他订房网、地图 APP 角色无异。即使升为网站的“顶级点评家”，只是多拿一个徽章，平添了自己的成就感而已，无法换成实用的点数或旅游代金券，而其他类似网站则有积分兑换的设置，吸引了更多的消费者。而猫途鹰的页面，看起来更是急于促成一笔笔消费，让人心生怯意。

重点提示

要知道猫途鹰的真正排行，必须改变筛选条件为“人气”才能显示。多一道手续，也失去点评网站的真正乐趣。

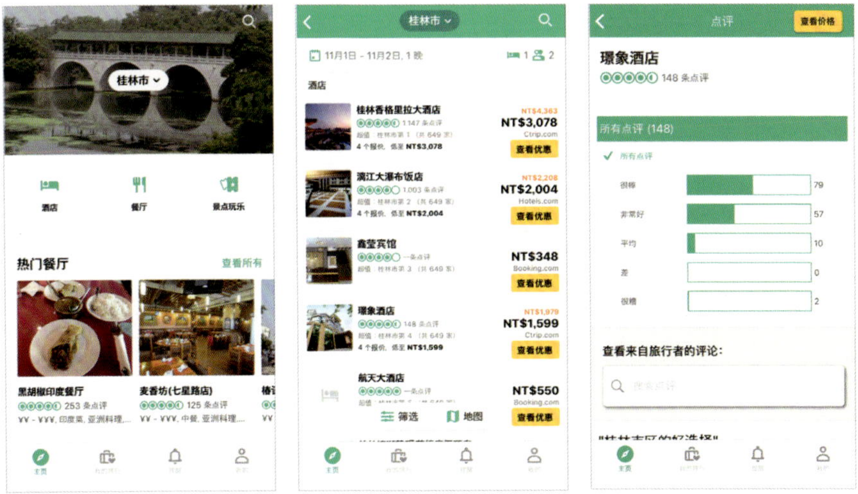

◎一打开猫途鹰网站，亮出的酒店排行似乎跟口碑排行无关，而是人为操纵的结果。

第五节 花更少、住更好的秘技

赚钱不易，没有人想多花冤枉钱。一样的预算，却想要比别人住得更好，是每个人都会有的心态。省钱最快的方式，就要先从预算占比大的部分下手，以下方法建议你可以试试，但可别省钱省过头，连基本的安全都省掉了。

A 利用综合性比价网站

一个酒店的房间，经常会出现在各个不同的订房网上。与其开一堆窗口查找，不如直接上比价网站，清楚地列出一个房间在不同网站上的价格，轻松比对出最便宜的选择。但有时比价网站秀出的金额，可不一定是最后的总金额。

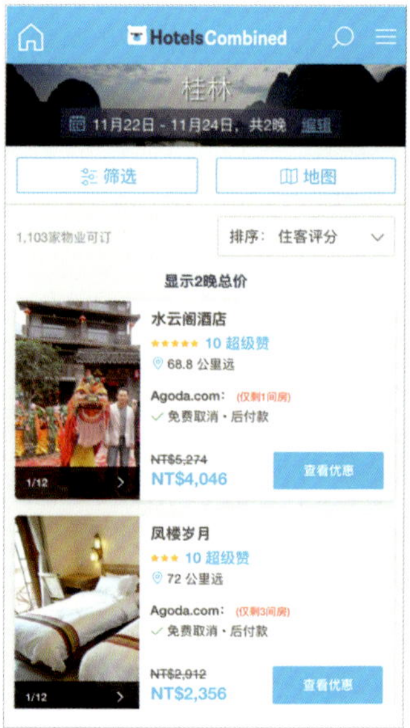

HotelsCombined能显示一个房型在主要几个国际订房网站的最优价格。

◎ Trivago 优栈网搜寻结果还涵盖多个国内大型订房网站。

目前较知名的比价网如HotelsCombined比驿网、Trivago优栈网，猫途鹰现在实质上也算是个比价网站，搜寻酒店后会直接秀出最便宜的订房网链接（包含酒店本身的预订网页）。比价网还有个好处——偶尔会提供专属链接的优惠。每个比价网能搜到的订房网大同小异，但Trivago优栈网可比其他两者多搜到国内的订房网，想搜境内或境外住宿地可以一次搞定。

比价网站怎么获利？就靠你点击链接到各大订房网站，预订成功后依据成交比数从各订房网站收取费用，但小心有个误区！例如海外的Hotel.com好订网与Agoda安可达，这两家似乎价格会略低于Booking.com缤客，却要直至结账前才会加入网站服务费与税金，可能比Booking.com缤客总价还高，因为Booking.com缤客的价格已经是税后价（这也是我长期爱用它的原因）。先看好目标，点进去到最后检查结账画面比较金额，才不会吃亏，尤其猫途鹰手机版会直接显示最优惠的订房网站，没有比较，最好在电脑上看清楚后再预订。

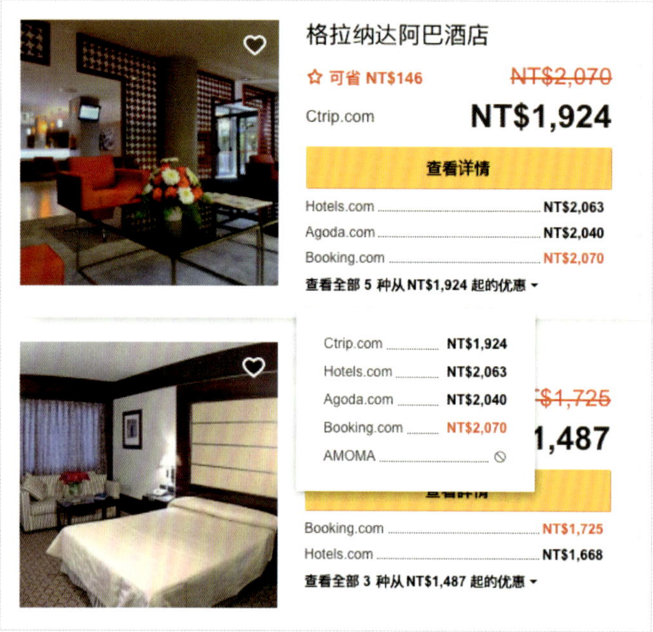

HotelsCombined 能显示一个房型在主要几个国际订房网站的最优价格。

重点提示

越来越多的酒店想用官网直接销售，提高获利。若有充足时间，不妨也上酒店官网找找，可能有惊喜哟！

A 利用手机 APP 订房

你的手机里藏着订房划算的秘密呦！用手机 APP 订房，有时会比网站多出 3% ~ 5% 优惠，若是首次下单，有时还能享有首次预订的新客优惠。但预订酒店这件事，可别只是在手机上看看房间，就胡乱做了决定，一定要打开电脑仔细看清楚房间照片，以保安全。

这类优惠是随机的，不是终年皆有的，但在旅游旺季前代金券发得特别多，建议货比三家。我从搜房到预订的顺序是这样的：

（1）用电脑打开网站；

（2）找出喜爱对象，仔细看清照片；

（3）加入我的最爱；

（4）用手机 APP 订房。

一条龙式网站与专业订房网，谁好？

一条龙式网站，就像家百货公司，好处是一进来，你要的东西都有，但也样样不精，其实跟比价网站功能相去无几，因为大多数的搜寻结果，预订后不一定能立即确认，都需再通过代理商人工确认。可能你很着急，但很抱歉你就是要等一会儿，海外订房还要再加一两天的时间。但好处是房源较多，选择也多，适合临近出发前使用。

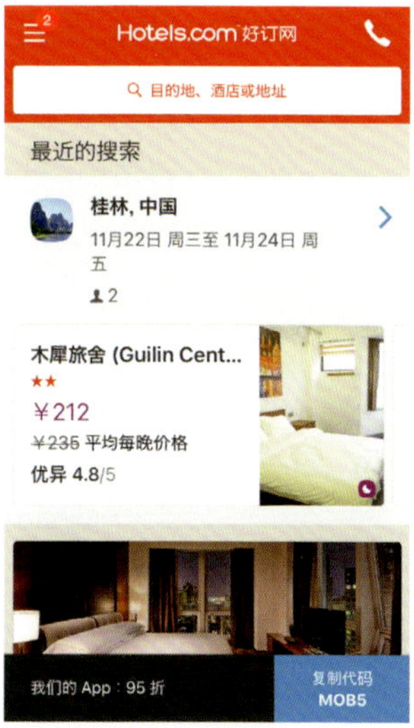

Hotels.com 缤客有时会出现的手机折扣代码。

专业订房网的系统则与大部分酒店系统直通，不需要经过一层层代理商，马上就可以确认你的预订，价格也相对优惠。但对于酒店来说，这样做需自行承担营销的压力，通常放出来的房间数也不够多，最好的方法就是提早预定。

另外团购网也是个选择，但放出的通常都是酒店本身的低价房，或是刚开始营业时的促销房。酒店愿意开放团购价格，是因为能带来大量

重点提示

国内一条龙网站，如去哪儿与飞猪、携程网上酒店直销数还不少，但找民宿还是请上民宿网，选择较多。

的客源，拉升淡季时期的住房率，但久而久之会变成价格的恶性竞争，住宿质量往往是被牺牲的首选，同时培养出一群贡献度低的顾客，对这个行业的影响尚待讨论。

若你是哪里便宜就往哪去的消费者，团购网很适合你，但若遇到质量上的纠纷，花在调解上的时间也是一种成本支出；行程决定得很匆促，一条龙式网站上订到好对象的概率比较大，但需要看清楚一种房型罗列出的不同价格，有强迫症的人可能会相当头痛；有时间做计划的人，提早上专业订房网或酒店官网，是最完美的选择。

“早鸟”优惠价，“晚鸟”流血价

早鸟的定义是要多早呢？至少三个月到半年前。若是目的地可能会举行大型国际会议、演唱会、运动会等，那就要提早至一年了。有些热门地点甚至全部房源会被旅行社、公司包下，想要订也订不到！离出发日期尚久，价格弹性最大；靠近，价格就会飙升。但也别放弃最后一线希望，现在的订房网都提供“今日入住”的搜索功能，能以手机锁定你的位置，找出附近有优惠的酒店或民宿。

我曾经在马德里住到一间非常糟的民宿，床垫凹陷、浴室漏水、房内飘散一股潮味……隔天一早马上用Booking.com 缤客搜寻当日能入住的旅馆，很幸运附近有家精品酒店居然还有房，而且两人一晚才 55 欧元（约合 430 元人民币）。毕竟酒店房间没卖出去也算亏损，店主宁愿用非常低的价格在当日卖掉，但这都要靠运气，不是每天都有这样的好事。

重点提示

多多订阅航空公司、订房网、民宿网、旅游网站的电子报，有时候你不经意的搜寻会触发电子报的发送，就能收到实时的“早鸟／晚鸟”优惠通知。

如何跟民宿主人打交道（请帮忙介绍下一家民宿等等）

世界上有爱交朋友的人，也有爱做生意的人，不管你遇到的民宿主人是哪种，请记得先将他当成做生意的人，你凭借着付出的房费，换得他的待客热忱，世界上所有关系都是等价交换的，这是对彼此最公平的方式。

想要打个交道，换得房费折扣或下一次的入住优惠，你可以这样做。

首先是礼尚往来。从订房开始，不管是通过电话还是电子邮件、订房网、旅行社，若有个人需求，请在合理范围内提出，或者试着礼貌沟通。可别以为在订房网站上，订了最低价的房，还在“个人需求”内丢下一句如：“我想要在房间内跟女友求婚，是否可以免费帮我装潢一下？”任何经营酒店或民宿的人看到了，都不会理解你的“免费”到底要做到何种程度，况且要付出额外成本，接你这单可能会倒赔。

其次是保持整洁。只要当个干净的好孩子，就是帮酒店或民宿的员工节省劳力了，请别把在家时的邋遢模样暴露在公共环境中。除了民宿网可让房东和租客相互评价外，未来的酒店业可能也会开始评价客人，自己的信用要靠自己维持。

最后，别一开始就试图索取折扣或优惠，等做到以上的基本功后，再开口也不迟，会做生意的民宿主人可能不等你开口就给了优惠。而民宿彼此间可能有熟识的交情，有了上家的良好记录，帮你介绍到下一家民宿，主人还会不好好对你吗？

◎这样的退房模样，任谁都无法忍受。这种客人，还来开口要折扣，民宿主人肯定不会答应。

民宿官网 / APP / 微信公众号

其实最优惠的价格就在这里。对单打独斗的民宿来说，通过订房网或代理商，往往还要被抽佣至少10% 以上，但自家建立的预订系统，获取订单的成本铁定比第三方渠道来得低。但使用率仍然不是太高，为什么呢?

一来大部分消费者没有时间和精力去跟个别的民宿与订房代理商互动，二来大部分人想要多看多比较再做决定。即使民宿业者们想要缔结订房联盟，但彼此间却又存在着竞争又合作的关系，所以目前还是需要靠本身努力，或借助订房代理商的力量，一起带入订房流量，才能维持经营。反之，资本雄厚或口碑绝佳的精品民宿，可能代理商还会上门拜访，主动承包订房量。

如果你有了喜欢的酒店或民宿，不妨直接上官网找找，说不定订房网已售完，但官网或 APP 却还有房，而且价格更便宜!

直接打电话试试手气!

对于酒店或民宿前台来说，散客对收益最有帮助，毕竟到手的房钱不用被抽佣。顾客直接电话预订，对酒店来说，客人开发成本极低，想要讲到一个好价钱，你可试着与前台商量。

例如订房网跟酒店收取至少 10% 以上的佣金，若能先知道订房网的最低价格，就可以与民宿前台商量，若多住几天，能不能在最低价格基础上再降 5% ~ 8%，若前台或主人心情好、正缺业绩的话，那就有可能谈成，毕竟还算是个双赢的局面。若刚好碰上有一个客人预订了但未入住，或是临时取消预订而空出来的房，还没来得及放到订房网或官网上，就被你捷足先登了，可能还会谈到一个超棒的价钱。

另外也有许多很棒的精品民宿，经营者希望走小而美的路线，不希望被订房网以打折价出售，或拿来当促销活动的牺牲品。因为贪小便宜的人涌入后，往往降低了住宿质量，所以采取电话预订的策略，保持自身经营的独立与质量，这类民宿就要靠有心人特别去挖掘了。

第六节 识破花言巧语

亏钱的生意没人做，所以只要是牵扯到“赚钱”两字，任何人都会极尽可能地美化自己的商品。多亏了网络的发达，坏事一晚传千里，使得许多无良商人无所遁形，除了要感谢现代科技外，也要感谢愿意花时间点评的人。

有差评也可订吗?

每个人标准不同，你眼中的好，可能是别人眼中的恶。平均一百个点评中，出现五六个差评也不为过。一个人的独旅与家庭出游，需求就有很大差异，同样一个房型是无法同时满足不同人群的。从点评中，其实能看出许多酒店与民宿未说出的“盲点”。经营者都会美化自己的自我介绍与照片，但绝不会告诉你下面几点：

★周遭环境不佳（例如有违建、垃圾掩埋场、本身是违建等）；

★员工不专业及态度不佳；

★房内设备损坏（例如半夜没热水）

★餐点不好吃；

★地点不便（到火车站还要打一小时车）；

★房内消耗品价格坑人（比如瓶装水等）。

一面倒的好评，有时也要小心是否有粉饰太平的嫌疑。有时东西方人的观点也不尽相同，可能西方人在意的优点，刚好是你讨厌的缺点，是不曾留意的部分。例如 Booking.com 缤客各项点评的满分为十分，我特别重视“整洁度”这项的分数，至少要有九分以上。而每个人的标准不同，但建议至少单项要拿到平均八分以上，才能住得比较愉快。

重点提示

点评的真实性，我个人经验是：订房网 > 点评网，地图 APP > 民宿网（如 Airbnb）

好评也可以刷出来

民宿网的点评受到人为操纵的因素最高，不可尽信。民宿主人若以超热情的待客之道来掩饰房源硬件上的不足，即使房子质量再差，一般心肠软的住客在点评时，可能也会留下积极正面的话，若点评中只提及房东有多热情好客，完全没提到房子好坏，那就有可能会毁了你的期待。

照片？照骗？

要称之为酒店，每个国家都有一套规范标准，也有基本的“星级认定”来保证住宿质量。但目前对民宿的规格认定还在模糊地带。民宿网为了竞争与提升预订率，主动为民宿主人提供专业拍照服务，来美化“商品”。通过超广角镜头与修图，10平方米拉成20平方米，窗外明明是工厂，也可以修成山景或夕阳。这样的民宿没有美图精修过，不会有人上门。

以上还不打紧，最无济于事的照片就是充满“情怀”的房间一角。酒店业由于受制于规范与信用问题，不会出现图文不符的状况，但民宿这个充满经营者个人特色的设施，有的民宿主往往喜欢拍床铺、枕头、

◎很暖心的一个窗台，但若民宿房间只有一张这样的照片做代表，你就该害怕了。

咖啡杯、窗台的一个角落（甚至只有景点照），塑造出温暖的氛围，但房间格局、摆设，以及重要的卫浴照片却略过不提，若你有闲工夫可以跟民宿主人讨来几张，没有的话就赶快去找其他民宿吧。

景点照多于民宿的外观、内部摆设，也是个地雷，你一定不想入住时仿佛拆交换礼物一样的心惊肉跳吧？

付款细则，眼睛要睁大看

你知道“预订价”“预付价”“担保”这些名词的差别吗？Booking.com 缤客是让旅客直接付款给酒店，所以秀出来的是“预订价”。而 Agoda 安可达与 Hotels.com 好订网则是先要旅客预付给网站，再与酒店拆账，这是“预付价”。通常“预付价”就代表钱要先收到手中，你的预订也能及早确认，所以“预付价”通常比较便宜。而“预订价”则是要到了酒店前台才付款，但由于距离实际入住还有段时间，住客取消的概率比较高，对于酒店而言无法转卖且不保险，所以“预订价”会稍贵，有时还需留信用卡号做担保。

但若此趟是自由行，建议不要选择“预付价”，若临时遇到计划有变，变动成本会很高，若是家庭出游的话损失更大。想选择较省钱的“预付价”，除非你已经非常确定行程，天塌下来都得出发，否则不建议选择“预付价”。除非“预付价”可在出发前一两周能免费取消，那才能放心下订，否则损失的将是全额房费。

若选了“预订价”，大多需预留信用卡基本信息。但不熟悉酒店作业的人，可能会误认为房费已实际扣款，但其实入住时是需要再付一次房费的，之前预刷的房费只是所谓的“担保”或称“预授权”。预订时最好再三确认，看清楚卡号是否只是用来“担保”预订，入住还需要再付款，若是“已预付”就不需要了。对语言不通的人来说，多少有心理层面的压力，而且预订显示与真实偶有差异。

我预订住所时，曾遇过有民宿私自来信，或者到了住宿现场，店家才表示网站标示错误，从现在起无法刷卡只收现金！不按照网站规则走（多半为了逃税），民宿和酒店都曾有过这类情况。害怕的人，请选择“预订价”，现场付款吧。若遇上名为民宿、实为诈骗订房金的骗子，钱收不回来还好，毁了假期才是欲哭无泪。

重点提示

为了避免影响心情，以信用卡订房者，最好另带足够支付房费的现金，以防万一。

一分钱一分货

订房网最常用的一招，就是把服务费、增值税、城市税、刷卡手续费等隐藏起来，初见价格看起来很“骨感”，但最后要预订时，你才会发现总价有多“丰满”。这种情况，除了自己留心以外别无他法。

有时你预订到了好价格，实际到了民宿，才被告知现在是旺季或展览会议期间，已经将房间转卖给出价更高的顾客，要你补足差价或是将你转到其他酒店（有极高概率比较差）。或者是通过不明来源订到超优价格的房间，等到要入住时，前台却找不到你的预订。你的订单可能被卖给了其他代理商，但还没来得及做确认，或酒店根本不知道你的订单被卖到了哪个渠道，根本没进到酒店登记系统来，也是令人气结。

标榜“异国风”的民宿，住了值吗？

近几年来旅游成为人们的普遍习惯，许多民宿从业者考虑到一般人认为出国是件麻烦事，又要坐飞机又要办签证，旅游假期掐头去尾，活生生就减少了两天，还不如留在国内好好玩。比如现在最受欢迎的东南亚 Villa 风、海岛度假风、希腊蓝白房子风，以及欧洲古堡风的民宿，在国内可能就有上万家，还不需要出国，就能体验异域氛围。

模仿建筑风格容易，但一地的风土

◎巴厘岛特有的烤猪肉饭。各地饮食都深受风土条件影响，想在异地呈现，不仅费用高昂，吃起来总是少了一点风味。

人情、饮食方式却模仿不来，因为要实践设计理论容易，而“风格”却是天生的，融合在当地建筑师的血液中。想象一下，桂林山水的诗意景致，搭配上欧式复古城堡，就是不对味。再加上每个国家都有传统的建材，色泽、质地与当地自然环境融合，形成自己的特色，若搬到其他国家，可能建材还不一定符合建筑法规，或受限于取得环境，只能以合成板材、水泥造景取代原木，旅客等到入住后才会发觉不对味。毕竟拍得美轮美奂的宣传照，是很难发现这些细节的，更别提一出民宿的门，全部氛围都会被打回原形。

标榜“不用出国便可体验异域游”，这句话本身就有争议，还暗藏了点心计。既然不用出国，许多民宿就在打算盘：消费者既然省了笔机票钱，对高价住宿费的接受度就会高一些。因此有些异国风民宿定价是一般民宿的两三倍，到了旅游旺季更是翻倍涨，开价惊人还不一定订得到。等旅客返家后细算，可能还是真的出国一趟比较值，住国内异域风的民宿，顶多拍张充满异国风的照片发发朋友圈，聊表心意，但钱包可是受伤不轻。

其实在国内，不如就好好考虑中式客栈，或是农家乐等，对于外国人而言，这些反而是充满中国风情的特色建筑，选择多而且价格亲切，似乎没必要去住那些标榜“巴厘岛风”“希腊风”“欧式古堡风”的国内民宿。

◎巴厘岛 Villa 可能是世界上最受欢迎的建筑风格之一，也是许多民宿模仿的风格。

第四章 我心中的超优质民宿

每次旅行，不管是否留下美好回忆，过程对我来说都是一种享受。而我的乐趣，从规划行程之初就开始了。
决定好地点，开始找住所，留心一眼就能捕获我心的房子与摆设，小心翼翼地不遗漏任何一个，加到"我的最爱"清单。再沉淀一晚，隔天早上起床后，慢慢地帮它们打分，筛选到最后一个，按下预订确认键。到启程前，我就像等待圣诞节礼物的小孩，每天还数着有几天就要出发。多年来，每次打开礼物，偶尔会有失落，但惊喜居多，重复的过程总让我着迷。
多年前在大理，看到一副楹联写着"且行且住"，我想这就代表旅行的意义。人生走走停停，而民宿就像是个中途休息站，睡饱了再出发。现在来看看我多年搜集的惊喜吧。

住进北欧神话的栖息地——冰岛·锡格吕菲厄泽

渔村民宿：

The Herring Guesthouse

鲱鱼客栈

由夫妻经营的鲱鱼客栈，坐落于冰岛北端锡格吕菲厄泽——这个过往以鲱鱼经济风光一时的渔业小镇上，当地人友善热情，是拜访冰岛北部的必经之处。这家民宿有着简约舒适的北欧家庭式格局，同时提供滑雪、赏鲸、健行、高尔夫球等周边活动安排，吸引了许多爱好自助旅行的人。不过位置较为偏远，适合自驾旅行者。

前往冰岛是个偶然，要不是好友的邀约，可能这辈子都没想过要踏上这个充满神话色彩的冰封之地。

订房工具：Airbnb 爱彼迎
日期：2015 年 6 月
地点：Siglufjörður（冰岛北部）
房型：整套房屋（两房一厅一卫）
入住人数：四人
预算：一晚约人民币 1300 元，早餐另计
（备注：无清洁费，Airbnb 服务费 14.3% 另计）

◎民宿鲱鱼客栈的招牌。

冰岛这个名称，会让人误以为岛上终年冰封、寸草不生，其实冰岛处于两个板块的交界处，岛上的火山异常活跃，产生的地热与流经这里的墨西哥湾暖流，温暖了冰岛，夏天温度可以达到十几度，由此孕育出发达的畜牧业。反观名为 Greenland 的格陵兰，却是终年冰冻，不如名字形容的那样绿草如茵。2015 年，我与三个友人飞越了两个大洲，花了二十个小时终于抵达冰岛，此前已经做过半年的计划了，预计要用十天时间自驾环岛。整个冰岛约莫有十万平方千米，但人口仅三十三万，三分之二集中在首都雷克雅未克。也就是说出了大城市后，就几乎每天要与荒野、冰川和吃草的羊儿为伴了。

冰岛地形多变，一路上除了欣赏壮阔的冰河、冰原、瀑布外，气温的急遽变化也是行动时的挑战。这样的景观也吸引了美剧如 HBO 电视网的《权力的游戏 · 冰与火之歌》等多部影视剧来此取景，可以说有关天崩地裂、天外行星、绝处逢生、极地探险等影片来冰岛拍摄都非常合适。自助旅行风气盛行的冰岛，除了在首都有许多饭店旅馆外，城外沿路的住处几乎都是出租公寓、Airbnb 与露营地，若抵达的时间是夏季，半年前不事先预订，就等着流落荒野吧，除非租的是露营车。夏季的冰岛，除了白天有十几度的“高温”外，亲切有礼的冰岛人，则是旅途中最惊喜的礼物。冰岛虽然是经济危机中首个倒下的国家，

但这个国家的人充满了冒险精神，出过许多冒险家、商人、武士甚至海盗，个性坚韧淡定，逐渐摆脱了追逐金钱的诱惑，回到古老的平等社会，对各种职业皆抱着谦卑崇敬的心态，让冰岛拥有迅速恢复的体质，重回富裕国家之列。

◎冰岛平均年收高达五万美元，吸引了邻近国家的大学生来做暑期工，这位是美国来的大学生，他的暑期工作是管理雪橇犬，自力更生赚取下个学期的学费。

冰岛的气候完全无法预测，刚才还感谢老天爷心情大好赏个大晴天，马上就能迎来一个风雨交加的夜晚。狭窄的国道上，偶尔可见因结冻路滑，冲出车道撞毁的车辆残骸……我们沿路不知翻越多少山岭，穿越了多少个辽阔峡湾与隧道，才抵达了冰岛最北端——锡格吕菲厄泽。身为渔业大国的冰岛，鲱鱼的加工厂分布于全国海岸，尤其以北方为最多，出口鲱鱼罐头至今仍然是经济命脉之一。虽然这里曾经因为过度捕捞导致鲱鱼数量大减，但经过近 27 年的休养生息，现在鲱鱼数量回稳，这个北方小镇已经重返热闹氛围。

我在 Airbnb 上预订的“The Herring Guesthouse · 鲱鱼客栈”，是由 þórir kr þórisson 先生与老婆两人经营的，是一家只有四个房间的小型民宿。受惠于冰岛观光热潮，五年前，他们把距自己家两条街远的这栋房子买下，再把自家二楼装修成二期与用早餐的地方。我们抵达这里时，正是下着绵绵细雨的寒冰天，看到一楼房门，我们迫不及待就急冲进去，但误扰了另一拨住客，人家正在房内煮晚饭呢！我们用对讲机与 þórir kr þórisson 先生联系上，几分钟后就看到他在寒冷的风雨中只穿了一件短袖加羽绒背心便慢慢骑着电动车前来，原来他就住在隔壁街上而已。与包得像粽子的我们相比，冰岛人早就对这种刺骨寒冷习以为常了。

þórir kr þórisson 似乎很少接待过亚洲客人，对万里迢迢跑来冰岛北端的我们非常好奇，轮流跟我们四个人握手，欢迎我们远道而来。他与太太两人从事服务业与计算机业三十余年后，搬来这个小镇，爱上了这里的新鲜空气与环境，在 2011 年开始了他们的民宿主人生涯。他表示，让他们决定留下来的关键，还是这个小镇上友善可爱的居民们。

由于冰岛地形崎岖，这栋民宿建筑分成两层，为了出入便利，一楼与二楼均设了出口。冰岛人非常喜欢假日在露台上烧烤，据说在西方，烧烤不但是男主人负责的工作，也是最能展现男主人手艺与男性魅力的一项娱乐活动，在冰岛的每个民宿，都能看到形形色色的烧烤架。þórir kr þórisson 发出邀请说若天气好的话，我们可以在民宿院里一边远眺着海湾，一边烧烤，尤其冰岛的羊肉非常有名，超市就能买到专为烧烤处理过的羊肉，怕冷的人可以多吃一些，就能跟冰岛人一样耐寒了。无奈连续自炊一周后，我们开始发懒想尝尝镇上的料理，连忙谢过他的邀请。

◎冰岛的民宿会在门口插上独特的旗帜，代表这里就是个客栈，易懂又显眼。

◎民宿的入口，冰岛有阳光的日子不多，院子内几乎都是用来晒太阳的躺椅，可看出他们真的很珍惜阳光。角落里还有冰岛房子必备的烧烤架。

◎民宿内简单却舒服宜人的装潢，就像冰岛人给人最直接的感觉，友善又毫无观光区常有的市侩与压迫感。

◎每栋独立的房屋都有自己的厨房，很适合自助旅行的团体或家庭，能自己做饭节省旅费。

鲱鱼客栈是很标准的欧式民宿：规模不大，位置就在马路边，拥有两三台车的停车场，专门为路过车主提供便利住宿。主人虽然不住在一起，但旅客有任何需求都能用对讲机联系。推开房间大门，两间双人房加上一厅一厨一卫的公寓，格局简单温馨。冰岛人喜爱简约洗练的风格，通常房子以白色为底，其他装潢不会超过两种颜色。冰岛全国都拥有地热资源，不需耗电加热，家家户户一打开水龙头就有温泉热水，有些还有股浓浓硫黄味。冷水则是冰河水，喝起来有种自然甘甜的味道，比任何昂贵的矿泉水都美味，在冰岛的两周，感觉整个人都被干净的空气与水净化了。

屋内电视柜旁摆满丰富的旅游信息，只要你想得到的观光活动，如赏鲸、滑雪、钓鱼、峡湾游船、骑马横越山谷，甚至搭船到离岛，欣赏冰岛国鸟 Puffins 万头攒动的模样……民宿都能帮旅客安排。因为小镇的极端位置，很少旅客有足够的假期与耐力到此游历，因此旅游从业者与民宿极其团结，发展出一套鱼帮水、水帮鱼的互利模式。民宿主人自有一套无痕的引导方式，让到访的人几乎都会参加一两种自由行程，这正是民宿与周边观光资源结合的绝佳例子。

冰岛物价高昂，与物价相对低廉的亚洲有天壤之别，每天都会深受震撼。连邻近国家的青年来此地旅

◎没有华丽大门，却充满家庭风味的民宿。

游，在机场海关检查时打开行李箱，也是塞了满满的干粮与面包！住我们隔壁房的英国自助客，也被高昂的物价惊吓到，每天都采购食材回来自己做饭。入住当晚，民宿主人询问我们隔日是否到他家楼上用早餐，我们想着既来之则安之，便请民宿主人安排下去了，第二天一看，早餐每人约冰岛克朗 1800 元（按当时汇率换算约人民币 100 元）……幸好民宿的早餐准备得相当丰盛，也能吃到民宿太太亲手现烤的面包，非常满足，毕竟外出觅食，也要占去不少时间。用早餐时，民宿主人走过来跟我们聊天，除了问住得舒不舒服外，顺势打听我们有没有行程安排。

这天的锡格吕菲厄泽小镇，难得出现了两个月以来首次艳阳高照的天

◎用原本的民宅客厅改成的简单餐厅，虽然入住客人不多，但民宿太太还是很用心地准备了丰富的菜品。

◎镇上观光客几乎都会造访的鲱鱼年代博物馆，从远处就能闻到浓浓的鲱鱼罐头味。

气，许多人趁机搬出了椅子，坐在户外享受这难得的日光浴。既然以鲱鱼业为主，小镇上许多传统菜肴也都加入了腌鲱鱼，这个小地方甚至还有四间博物馆，诉说着鲱鱼捞捕业的历史。虽然只是个人口不到一千的迷你小镇，但镇上居民无不努力，连民宿房间、窗台上也摆了许多用渔具制成的摆饰，让外界了解他们深以为傲的鲱鱼文化。趁着阳光耀眼，我们走到小镇的最高处往下一望，发现小镇上房子屋顶别有洞天，不同颜色在艳阳的衬托下，仿佛缩小的城镇模型，房子有如积木般可爱。走在镇上，不管是晒着太阳的居民，还是商店里的服务员，都非常友善亲切，我们多少能体会到民宿主人为何会选择留下不走的原因了。

一般来冰岛的旅行者，多半都住在青年旅舍或有厨房的公寓里，大家一起做饭能降低花费，但小型民宿和旅馆相比，除了拥有更多的自由外，民宿主人也乐于提供旅游信息以及自驾的必访景点。再加上冰岛人似乎都是天生的导游，温暖热情，即使是生意人也善于拿捏力道，刚刚好的说服力，一笔生意就水到渠成了，即使拒绝了也不会尴尬。不像某些国家恼人的小贩，拒绝了似乎就等于让他受辱，想要离开还需吵一顿架才行。

虽然此地只停了两晚，但小小的温暖民宿，以及镇上晒着太阳取暖的老爷爷们，是我们这次匆忙环岛行的一个暖心回忆。夫妻两人同心经营，尽力给旅客们创造舒适的住宿环境，同时他们团结并努力宣扬着鲱鱼文化的精神，让人感到无比钦羡。若你有机会造访冰岛，别住旅馆了，入住当地人经营的民宿，体会与日常全然不同的慢步调，用北欧的简洁美感打磨自己的品味，才是最值得带回家乡的纪念品。

重点提示

四人以上的团体旅行，适合入住这种家庭格局的民宿，住起来不仅空间上比较宽敞，还能自己做饭，比较省钱。请参考前述中找民宿前的准备工作。

订房工具：Tripadvisor 猫途鹰
日期：2014 年 10 月
地点：土耳其 · 赛尔丘克
房型：一房四床
入住人数：四人
预算：一晚约人民币 800 元（含早餐）

◎古迹内住了许多来去自如的猫，淡定地端详着世界各地的旅客，大多时候都在悠然地睡觉。

抚慰旅人心的乡村料理
——土耳其 · 赛尔丘克

乡村民宿：

Bakkhos Guesthouse

位于土耳其西南部塞尔丘克（Selcuk）乡间，由荷兰主人来此经营。邻近有世界遗产以弗所遗迹与圣母玛利亚小屋，周边观光资源非常丰富。被葡萄园、橄榄园包围的民宿，共有十二间温馨的乡村风房间，庭院中种了许多花草，四季颜色缤纷。院中的菜园，皆由当地女性负责料理，为民宿提供了非常地道的当地食材。天气好的话，可在庭院中用餐，产地直达餐桌，这样的鲜度能让旅客充分体验到土耳其的乡村风情。

2016 年观光客到访数名列世界第六的土耳其，拥有 16 个世界文化遗产，历经西台、塞尔柱、波斯、罗马、希腊、拜占庭、鄂图曼等多个王朝的历史更迭，整个土耳其都可以找到想玩的重点。为了尽情欣赏爱琴海风光，我与友人从伊斯坦布尔飞抵中南部的棉花堡（Pamukkale）后，就开始了漫长的自驾之旅，预计到访以弗所。整个遗迹长约两千米，是现存最完整的古罗马城市遗迹。广阔的土耳其境内，现存古遗迹就有十几处列入

◎民宿 Bakkhos Guesthouse 朴素的入口，不小心会被人当作普通的农园而错过。

了联合国世界文化遗产，在维护与观光规划上非常完整。

位于爱琴海海岸小镇塞尔丘克旁的以弗所，最惊人的就是整排用棚子保护住，参观还要另外花钱的古罗马阶梯住宅。保存非常好，连墙上的壁画复原状态也超越一般的千年古迹，值得花钱进去看。

想要一探以弗所，住在附近的小镇上是最便利的选择，所以我通过猫途鹰搜房时，找到了当晚投宿的民宿。从棉堡开了将近一个下午的车，来到了古迹旁边的小镇——塞尔丘克。位于山谷内橄榄庄园中，由荷兰女主人所开的民宿 Bakkhos Guesthouse，被一大片成熟的橄榄树包围，橄榄树的果实正逐渐由青绿转为紫黑色。

预订成功后，我立刻收到民宿主人的亲切来信，询问是否要加入抵达当日的晚餐。信中特别说明晚餐是由塞尔丘克女性烹调的当地菜肴，一人只要 18 欧元，听起来相当诱人。大多数旅客自驾来此，通常也不太有时间到远处“觅食”，正适合长途跋涉后的我们。吃腻了千篇

◎进入民宿后别有洞天，简单的白墙，搭配上色彩缤纷的土耳其地毯，每个角落都充满了主人的装饰巧思。

◎没有华丽的大门，却充满家庭风味的民宿。

一律的土耳其烤肉之类的快餐，总算可以来点地道料理。

日落后，山谷中缺乏照明，经历了一段心惊胆战的黑暗山路后，终于在一条黑暗的小路旁发现了民宿 Bakkhos Guesthouse 的指示牌。停好车后，穿越一片长长的橄榄园，才抵达了当晚的住处。在门口等待的除了民宿主人外，还有亲切的男

◎四人房外的开放式客厅。靠近爱琴海的南部，建筑与摆设风格颇有希腊的影子，充满海蓝与条纹。

管家，热情地招呼远道而来的我们。由于天色已晚，我们一行四人又冷又饿，民宿主人说再过几分钟就可以提早开饭，顺便将行李帮我们拉入了入住的房间。

◎民宿就在一大片葡萄园与橄榄园中，充满乡间的悠闲绿意，许多橄榄正在成熟中。

我们专属的四人房，门口还有个小小的开放式客厅，沙发的靠枕与椅垫用的是近似希腊风格的蓝色，看来接近爱琴海的地区，多少都有希腊文化的影子。民宿位处山谷，晚间气温骤降十几度，房间内

◎民宿院子内的一角。土耳其到处都能见到这个能趋吉避凶的蓝眼睛——邪恶之眼。

有个烧柴取暖用的壁炉，但因为天干物燥的环境，民宿内以暖炉取代了壁炉，让怕冷的我们不必在半夜瑟缩。民宿共有十二个房间，每个房间的泥墙都漆成了白色，房内简单温暖的摆设，走的是西方的乡村风格，这可能也是荷兰主人本身的爱好吧。

紧接下来的晚餐时间，与来自其他国家的旅客们一起享用。究竟 18 欧元的当地料理会长什么样呢？这是我们到访前一直很好奇的。坐定后陆续上菜，前菜除了橄榄、奶酪、土耳其咖啡、红茶、面包等基本餐点外，也有碎肉镶茄子——用镶满碎牛肉的圆茄子，加上茄汁后再用烤箱炖烤，是道充满家庭风味的地道料理。橄榄树主要生长在爱琴海和南部地中海区域，所以土耳其人每天的餐点中，一定会出现橄榄油与腌橄榄等小菜。用餐中，主人与管家亲切地跟每个人聊天，分享家庭料理的食材，同时一一介绍负责烹饪的当地太太们，让人感受到这间民宿经营的用心。不仅小镇的女性们多了工作机会，也让更多旅客品尝到当地传统料理的风味。其中一位还是管家的太太，管家与客人们开心地饮酒欢唱，拥着太太非常自豪地介绍每道料理，太太笑得腼腆，用土耳其语感谢大家，看得出来夫妇俩在这儿工作是非常开心的。

◎民宿庭院就是用早餐的地方，许多邻近的小猫纷纷躲在树丛中，待早上旅客用餐时伺机而动。

乡间民风淳朴，少了在伊斯坦布尔被小贩伺机宰割的凶险。厨房内忙进忙出的妇女们，戴着头巾又挂着格纹围裙，正值秋收的季节，桌上产自当地的蔬果与奶酪，似乎正是印象中乡村丰收的风景。一顿美食能抚慰长途旅行的疲惫，也让“乡村料理”成了这间民宿对外的招牌，供应的不是餐厅的昂贵菜色，而是当地人每天吃的菜，这样的安排才能让旅客尽情地吃在当地，也能回馈当地的生产者及烹饪者，让民宿与当地良好共生。

隔日的早餐，是在民宿的花园内享用的，除了固定的腌橄榄、面包、果酱、生菜沙拉外，还有民宿特制的酸奶酪与当地有名的蜂蜜。食物一端上桌，藏在林子里的猫便全部出动，纷纷跳上旅客的大腿，用可爱的叫声哀求分食，大胆一点的小猫甚至直接用爪子捞取食物。但人

◎满桌的土耳其料理，跟许多国家的旅人一起享用，似乎更加美味！

◎土耳其式早餐非常丰盛，必备的奶酪、腌橄榄、蜂蜜，还有各式乡村果酱与面包。

类的食物并不适合猫，被盯上的人只能一手用餐、一手挡住猫咪的攻势，直到员工端出为它们准备的猫食，猫咪们才一哄而散。享用完早餐，再来一杯土耳其咖啡（不过滤直接喝咖啡粉沉淀后的汁液），浓烈的口感一扫嘴内的甜腻感，也解除了尚存的一丝睡意。

◎土耳其的猫不计其数，是个猫儿天堂，橄榄庄园内的野生小猫也来跟旅客争食早餐。

主人一听我们要前往以弗所，赶紧问我们当中是否有天主教徒。原来距以弗所不远处的山上，就是圣母玛利亚之家（House of the virgin Maria）。传说她因犹太人迫害而逃离巴勒斯坦，许多天主教徒认为这是玛利亚最后的居所，会前往参拜朝圣。特别是许多南美来的旅客，是非常虔诚的教徒，许多当地人借此推销玛利亚的雕像或项链、照片，但她认为都是多余的，而且所费不赀，生怕我们来此也会破费。我笑笑，请她放心，民宿主人才微笑点头，再提醒我们正中午务必要避开烈日，以免晒伤。

第三日清晨，我们享用完早餐就必须要赶路了。离开了这个可爱的民宿，我们回到家后仍念念不忘那顿美好的晚餐，期待有朝一日能再去一次。

重点提示

每个国家民宿的早餐，因为要适应所有旅客的喜好，通常比较西化且变化不多。但我非常推荐至少在民宿内用一次晚餐，基本上都是民宿的拿手菜，这也是旅客最能体验当地特产与传统风味的方式。

订房工具：Booking.com 缤客
日期：2016 年 9 月
地点：中国 · 台湾埔里
房型：一房双人床
入住人数：两人
预算：一晚约人民币 450 元（含早餐）

退休夫妻的好客台湾味
——中国 · 台湾埔里

乡村民宿：富莉庭缘民宿

这间民宿位于台湾埔里小镇的东南，由一家人共同经营，被菜园、野溪、菇寮、杂货店、乡间小路包围，是名副其实的乡村民宿。早餐时提供自行种植的新鲜野菜，已成为民宿的招牌，结合当地产业与规划产地参访的行程，让旅客能深入体验台湾乡村生活。自在的乡居野趣与温暖好客的主人，使人忘忧。

位于台湾南投的埔里，一向是台湾好山好水的代表。尤其距这里只有一小时车程的日月潭，也是许多旅客来台必访的观光景点之一。除了拥有稳定的气候和丰富的农产外，优良的水质孕育出知名的美酒、鲜花、美人，亦是台湾人周末或长假时喜欢到访的理由。

为了带日本友人一访日月潭，我特地安排了埔里两日游，希望在短暂的时间里能让友人亲近大自然。由于越靠近日月潭，观光民宿价格越高不可攀，于是我努力往周围山区寻找。很幸运地，位于埔里山区、刚开业没多久的“富莉庭缘民宿”映入眼帘，虽然是较偏僻的新民宿，服务质量是未知数，但至少设备新颖，卫生上不需顾虑太多。于是我们驾着车子跟随着导航，在太阳下山前就抵达了民宿。

◎位于山谷间的富莉庭缘民宿，民宿老板在四周的菜园里种了自家与旅客要吃的有机蔬菜。

富莉庭缘民宿由一对夫妇开设，他们和台湾许多退休夫妇一样，喜欢回到家乡购置田产，自己盖屋，在屋旁种田养鱼，偶尔招待朋友入住，过着自给自足的生活。也有一部分人转而开设民宿，变成在家认识新朋友的渠道。毕竟随着年龄增长，活动力降低后朋友圈也会跟着受限，而开办民宿这样全新的生活方式，反而会让子女放心。也许等我哪天退休了，也会像这样利用家里的空房间，迎接来自世界各地的旅客吧。

民宿主人夫妻有着台湾人常见的温厚热情，脸上挂着腼腆的笑。干净简洁的房间，果然如当初预期的一样，虽然不是顶级豪华，但多了些家的温暖。平时由先生负责照顾屋旁的菜园，收获后再交给太太，料理成给旅客享用的丰盛早餐，食材直接从产地到餐桌，太太说这样的菜吃的是新鲜与健康，一开业就广受旅客的好评，这也是我想预订两晚的原因。

◎民宿主人黄先生的菜园与民宿内的许多木工活儿，都是他闲暇时自行制作的。

◎可爱的老板娘正从民宿旁的自家菜园收获返回。

长期旅行下来住过不少民宿后，观察民宿的生态似乎成了我的一种“职业病”。整栋民宿的格局，类似退休专用的住宅：周围有农园，四层建筑内有电梯，有类似访客来时可铺床睡的和式房间。我个人猜想，也许当初夫妻两人盖好退休的房子后，受朋友或子女鼓舞，经营起了民宿，也让更多人能享受到埔里的好山好水。由于夫妻两人经营不易，所以也唤来了邻居、老友一起加入。人若上了年纪，有自己的房子、好朋友，跟一片种来自给自足的田，再幸福不过了。当然新民宿经营不易，尤其邻近观光景点，早有其他历史更悠久的民宿已占好了地盘，新进者尚需一点时间摸索，甚至忍受长期亏损，才能摸透这一带经营民宿的生存诀窍。

很特别的是，这栋四层楼的房子装有电梯，方便旅客搬送行李外，对到访的年长旅客也是个体贴的设计。干净简单的房间，一推开窗户就能听到虫鸣鸟叫，徐徐吹入的凉爽秋风伴随着水气，还有一丝青草香，可以看到民宿老板正在菜园收割，准备明天早上入菜的食材。房间内设备一应俱全，打开落地窗是个小阳台，放眼望去，远处的山景特别舒服，我们住得很开心。

◎宽敞的一楼用餐区，干净清爽，地板光亮，一早就飘着浓浓的咖啡香。

第二天为了前往日月潭，我们起了个大早，民宿主夫妻与员工已经准备好了所有餐点，许多旅客已经用餐完毕出门了。我的朋友似乎是这家民宿接待的第一个外国客人，夫妻两人特别开心，用餐时认真地介绍每一种野菜，以及台湾人早上习惯吃的酱菜，生怕不合外国人的胃口。这是个了解当地文化的好机会，我的朋友吃得相当开心，似乎没有排斥的菜品。餐后还有台湾茶与现煮咖啡，很久没有吃到这么令人满足的早餐了。

虽然民宿位处山谷之间，不开车还真有点麻烦，但它远离尘嚣，少了城市灯光的干扰。虽然是多雨的秋季，但晚上老天爷心情好，赏了个晴天，一抬头就有满天的星光，伴随着田间的虫鸣，让人非常舒服。临近中秋节时，台湾人喜欢邀三五好友一起烤肉，交流情感，正好民宿主人夫妻的两个儿子也在，邀我们在庭院里一起烤肉。两个儿子在台北的大学念书，平日帮父母拍摄民宿照片上传到订房网站、接订单、宣传民宿，假日还会返回埔里的民宿帮忙。有份一起经营的事业，让全家人各自发挥所长，一起合作，感情也更紧密。夫妻两人满足地看着帮忙烤肉的儿子们，脸上挂着腼腆的微笑，看得出来一家人感情非常融洽，我相信这也是民宿能长长久久开下去的原因。

吃到一半时，民宿主人黄先生回屋内拿出了一罐台湾啤酒递过来。太太说她先生每天只有一罐的额度，

◎台式风味的早餐，地瓜是田里挖的，野菜是民宿老板自家种的，很朴实，又充满了台湾妈妈的味道。

今早听到我朋友说想喝台湾啤酒，但此处离商店又远，来不及再去买，就特意把自己的啤酒让给我朋友，方便他吃烤肉配啤酒。哇，这牺牲太大了！虽然不是什么昂贵东西，但结束一天工作，晚上喝个凉啤酒，应该是黄先生的独特享受吧？居然就这样让给别人。一罐啤酒、一顿烤肉，让我的朋友度过了开心的一晚。

有了短暂的情感交流，一年后再回到订房网站上仔细搜寻，很担心它是否还存在。幸好，富莉庭缘民宿不仅还在，大部分住客还都留下了很正面的点评，其中大多数人都会提到那美味健康的野菜早餐，以及温暖亲切的民宿主人夫妻。希望他们能一直在埔里继续让旅客体验到民宿的美好。可别小看点评，好民宿是需要旅客正面肯定与鼓励的，以此作为持续经营的动力，所以，作为旅人，住宿过后花几分钟好好写篇点评吧。

重点提示

有些民宿需要自驾才能抵达，这样的民宿通常位于人烟稀少的地方，拥有格外吸引人到访的优点，在这里经常会有惊喜的发现。

晴朗的夜晚，在民宿，一抬头就能看到满天的星空。

订房工具：Booking.com 缤客
日期：2017 年 11 月
地点：中国 · 桂林
房型：一房双人床
入住人数：两人
预算：一晚约人民币 380 元

◎ 从隐源居看出去的桂林山水，能使人坐在这里一个早上，慢慢欣赏山景。

在悠悠山水画中醒来
——中国 · 桂林

田园民宿：隐源居庭院度假酒店

位于桂林桃花江畔的民宿，采用当地桂北民居的建筑风格，坐落在田园与山水之间，传统中国风的内装，点缀着广西壮族人民喜爱的蓝黑装饰，气氛宁静舒适。民宿提供中西式早餐，也能享用现做的桂林米粉。员工有礼热情，积极主动提供旅游信息。喜欢美食、美景，想要一分独享的幽静时间，隐源居正是这样的地方。

“桂林山水甲天下”这句赞美之词，吸引了中外众多游客到广西桂林一游，去瞧瞧那山水是否如传说中那般优美。

工作忙了近两个月，再不安排个周末出游，我恐怕就要闷到发慌了。在出发前往桂林前的一个月，光是桂林一地，我就罗列了十家酒店与民宿，每家装潢特色都十分优异，但一看到“隐源居”这名字，我就毅然预订了。尤其是一张坐在一楼户外茶座就能欣赏到桂林山水景致的照片打动了我，想象一下自己坐在那里慢慢喝上一壶茶，那会有多么惬意啊。一向讲究住宿地点的我，为了这张迷人的照片，连原则都舍弃了。

◎小花园内种植了许多鲜花绿草，映衬着带有广西壮族风格的蓝黑色装饰，特别美丽。

下着小雨的夜里，我们摸黑抵达了这家位于桂林鲁家村的民宿，这里离市区有一大段距离，突然有点担心，明后日外出后再回民宿会不会是个耗时的过程呢？推开民宿大门，古典沉稳的内装，有种回归自然、舒适无压的感受，使得我们暂时把交通问题抛到脑后。由于时间已晚，前台人员亲切地指引我们进房后，我们洗了个澡，很快就进入了梦乡，第二天才有精神好好研究这家民宿。

隐源居位于桂林秀峰区内，虽然离市区有十五分钟的车程，但坐落于重点打造的旅游特色名村——鲁家村内。村内的民居是桂北特色建筑，一般使用竹、木作为建材。干净清爽的白粉墙、青瓦坡顶、木格窗，再以桂林山水为背景，仿佛居民都是从画中走出来的一样。村内同时聚集了许多餐饮、咖啡店，特别是鲁家村的豆腐宴相当出名，生活非常便利。走出村外，还有一条前往钟乳石洞——芦笛岩的步道。我早晨来此漫步，欣赏着桂林的山水，呼吸着乡村的新鲜空气，觉得即使在这儿住上一周不出村，也不枉费假期。难怪鲁家村内有个精品民宿聚落，经营者就是看上这里被环山拥抱的环境，以及众多农家菜馆的便利，旅客住在此地动静皆宜，不出村也能好好度个假，适合喜欢安静氛围的旅客。

◎民宿内部的餐厅与酒吧，用色古典大方，细节充满风雅，夜晚在此小酌听雨最为合适。

◎一楼许多摆设都是百年以上的古董，或是旧家具重新改造的，随手一拍皆迷人。

◎以旧时的石制马槽改成的金鱼池，帮民宿装点出了清凉悠然的韵味。

隐源居的房间设计，出自一群热爱桂林的设计师之手，看得出来是不马虎的。偌大的窗台，就是为了让人从房内一览桂林山水，充满乡野气息的原木，搭配窗外的景致，自然契合。前台管家特别解释，隐源居里许多原木材料都来自真实的古董家具：以前的门板做成了民宿的广告牌或小桌子；古时村内磨豆腐的石臼，做成了餐厅内摆放茶具的桌台；马厩内的马槽，也放在餐厅内当成金鱼池……写意古朴的设计，让民宿整体的风格更加别致。八间不同风格的房间，每间都能看到山水景色，也因为房间少，更显得服务精致细腻。

第二天的早餐更是惊喜，民宿内中外旅客皆有，因此提供了标准的中西式早餐，服务员告知我们还有现煮的桂林米粉。寒冷的桂林，早上来一碗热腾腾的米粉，心与胃都暖了起来。这时，听到后面的客人跟服务员说：“住着住着都不想走

◎民宿内特有的星空房，天气好的晚上直接就能从房间内看星星。

了！”其实吃完这碗米粉，我心头也是这样想的。好的民宿应该就是这样吧，感觉就像回家了，心放松下来，也就不想走了。

用过早餐，时间还早，我依循前台建议，走了趟村外小径至芦笛岩。到芦笛岩的路很简单，沿小溪而行即可。一路上穿过鲁家村的民居、田园，来到了桃花江畔。桃花江是漓江的支流，夹岸峰林配上江边杨柳，让这段小径显得快意轻巧。若不是住在鲁家村内，我们很难发现这样的田园风光。与其说隐源居是升级版的现代农家乐，我更觉得它是一个一站全包式的度假村，让旅人丝毫不费力地享受。

◎每个房间都能望到山景、水景，有露台的房间皆摆有茶桌，住客可以伴着山水休闲地沏上一壶茶。

◎隐身在桃花源的居所——隐源居。

重点提示

对旅人来说，远离便利的城市中心，是要付出更多交通时间与金钱代价的，但偶尔也有什么都不想做的时候，静静地待在一个小镇里，走走绕绕，停下来喝杯茶，让心沉淀在山水之间，也很好。

订房工具：Shorea Beach Resort 官网
日期：2015 年 6 月
地点：印度尼西亚 · 巴厘岛 · 西部国家公园 / 鹿岛
房型：一房双人床
入住人数：一人
预算：一晚约人民币 800 元（含三餐）

◎需要搭乘小艇才能抵达的鹿岛，与喧嚣的巴厘岛闹区有截然不同的自然风情。

遗世小岛动物乐园
——印度尼西亚 · 巴厘岛 · 西北部国家公园 / 鹿岛

小岛民宿：
Shorea Beach Resort

Shorea Beach Resort 位于人群鲜少踏足的巴厘岛西北部国家公园内，必须搭乘小艇才能抵达，也因此隔开了喧闹的观光人群。舒适的民宿共有七间房，所有餐饮必须从大岛运来，降低了人类生活的足迹，这间遗世独立的精品民宿，显得更为自然迷人。岛上数十只鹿组成的野生鹿群，也是吸引旅客的招牌之一。

巴厘岛一向是热门的度假岛屿，第一次到访的人，通常眼光会留在库塔（Kuta）的传统市场、海神庙，与乌布的凉爽稻田上，其他地区较少听闻。其实巴厘岛除了是知名的度假天堂外，也是世界上有名的潜水胜地。

避开了几个吵闹拥挤的观光地区，我与几个潜水好友前往巴厘岛西北部，这个名为鹿岛（Menjangan Island）的印度尼西亚一级国家公园。鹿岛的面积较小，大约只有巴厘岛的十分之一，却是方便欣赏艳丽珊瑚的世界级潜水点。为了安顿一行六人，我特地在国家公园内找到了一家只有七个独立小屋的民宿——Shorea Beach Resort。岛上也有专为潜水员设立的装备店，提供完整的潜水旅游服务。

前往鹿岛必须在码头搭乘小艇，由于抵达海边时已是深夜，载着我们的小艇只能以极慢的速度前进。位于南半球赤道附近的巴厘岛，六月正值旱季，再加上从澳洲吹来的冷风，倍感凉爽舒适。坐在小艇中，吹着凉风，望

◎鹿岛上一早就会现身觅食的美丽动物，一对鹿母子正在亲昵地彼此舔着皮毛。鹿非常容易受惊吓，旅客多半只能从远处观看。

◎位于国家公园内的民宿，刻意盖得很不明显，以求自然融入岛上的森林中。

◎巴厘岛式的小屋，常常有个能躺着晒太阳的露台，可以在此看书或发呆一下午。

着满天星光，随手撩拨海水，还会出现闪烁的蓝荧光（俗称“蓝眼泪”）的奇景。据说这种“蓝眼泪”是夜光虫或涡鞭毛藻受刺激而发光的现象，但因为小艇随波摆动，我无法以慢速快门拍下这一奇景，只能努力用大脑记住这浪漫奇幻的景色。

抵达鹿岛时已是半夜，民宿管家与员工们在码头列队欢迎，在黑暗中带我们入住各自的房间。直至第二天早晨，我才约略看清这座岛的风貌。民宿虽小，但坐落于国家公园内，为了保护自然环境，必须将旅客的吃住需求降到最低，岛上使用的淡水皆来自海水淡化池，所有的食物也必须在他处烹煮后，再送来民宿给我们享用，避免残留剩余食材破坏岛上生物的食物链。

民宿的风格，依旧是最为人所知的巴厘岛风——拥有称为贝尔

（Alang-Alang Roof）的屋顶。高挑的屋顶用多根梁柱撑起，也是巴厘岛沿用已久的传统建筑艺术，大量使用木制、陶制、藤编家具。这里一年到头都很凉爽，睡在小屋里不用开空调，开着窗就有徐徐的凉风吹入。我们游玩回来，已经是半夜了，但民宿管家还是把准备好的丰盛晚餐，贴心地加热过再请我们享用。于是在海边的凉亭内，我们享用了这顿深夜的美味料理。

◎深夜中依旧在帮我们打理晚餐上桌的民宿员工，微笑着把在他岛上煮好的菜再温热。

◎标有鹿岛潜水点的地图，每个点皆能欣赏到不同种类的鱼和珊瑚，非常值得前往。

鹿岛岸边不远处，就拥有长达 40 米的壮丽珊瑚墙，自外海流进的洋流带进了充沛的微生物，让这片人称珊瑚花园的秘境布满了色彩鲜艳的软珊瑚、海扇，成了印度尼西亚第一个海底国家公园。而岛上的野生鹿群，据说是趁退潮时由西海岸渡海而来，久而久之繁衍了更多后代，鹿岛也因此而得名。民宿管家告诉我们，尽量不要拿食物喂食鹿群，以免它们养成不主动觅食的习惯，此地为国家公园，每个进来的人都有保护自然生态的责任。

既然这里是巴厘岛，鹿岛上的精品民宿自然也拥有沙滩上小憩的躺椅、海滨烛光晚餐区以及巴厘岛式的 SPA 按摩。只要跟管家吩咐，按摩师就会直接到民宿内服务，若想要更有气氛，也能在沙滩上直接铺上厚厚的浴巾，躺在斜斜的夕阳里，一边享受沙子传来的落日余温，一边享受经络按摩，完全是巴厘岛中心地带酒店的规格。而近在咫尺的蔚蓝海滩，带着泳镜、呼吸管就能一探海底珊瑚风光，完全避开南部地带的拥挤人潮，仿佛是自己的私人海滩。

独栋别墅，一直是巴厘岛当地最具人气的住宿形态，大多备有私人花园、泳池等。遗世独立的鹿岛，让民宿的别墅拥有开阔的占地，自然光线充足又舒适，让人纵使离开了家，也能自在放松。比起库塔、水明漾、金巴兰、努沙杜瓦等闹区，更能尽情放松，享受度假休闲，不时出没的野生鹿群，更是每日早餐时的可爱亮点。潜水累了一天，只想躺在沙滩上静静地看着落日，此时此刻的完全放空，应该才是在巴厘岛该做的正事吧。

四天三夜在鹿岛的日子，很快就结束了。所有的行程与起居，皆仰赖管家与其他员工的叮咛，员工们除了领固定薪水外，旅客的小费也是很重要的，因此员工们服务格外周到。人烟稀少的鹿岛，与喧闹的观光地区相比，仿佛遗世独立的珍珠，若不是潜水这个活动，我可能一辈子都没机会踏上这里。即使后来多次再访巴厘岛，鹿岛上的这间精品民宿、野鹿母子、海里闪烁的“蓝眼泪”，仍是我在这里最美的记忆。

鹿岛清澈的青绿海水，海中的珊瑚清晰可见，带着呼吸管就能下水，海底美景一览无遗。

订房工具：Booking.com 缤客
日期：2016 年 9 月
地点：西班牙 · 隆达
房型：家庭间 / 两张双人床
入住人数：三人
预算：一晚约人民币 1100 元

◎安达卢西亚知名的白房子，民宿外观也是完全漆成白色，门槛与窗户做得相当深。

寻访斗牛士之乡
——西班牙 · 隆达

山城民宿：

Viviendas Turísticas Los Arrayanes

位于西班牙隆达的小民宿，由当地一对老夫妇经营。这间乡村风格的民宿，厚实的石墙融合了西班牙与阿拉伯的风格。这里邻近许多文化遗迹，有着绝佳的地理位置，是游访隆达的绝佳据点。住在这里，步行就能走到拥有四百年历史的斗牛场 Plaza de Toros，上街还能体验许多传统餐厅，非常方便。

西语发音为“隆达”的 Ronda，位于西班牙南部安达卢西亚自治区内，是悬在高崖上的一座古老山城。被瓜达雷敏河（Rio Guadalevin）切割成两块的隆达，两侧深度在一百米以上，宛如一座天空之城。

从葡萄牙南部自驾到隆达的一路上，沿途炽热的烈阳，配上干裂的大地，令人充分感受到安达卢西亚夏季惊人的热量。这晚我们要入住的是隆达山坡上的一个只有三间家庭房的民宿。山城里是一条古老石头路，车子想爬上山路特别艰辛，生怕一个打滑就要出

◎西班牙山城——隆达，整个山城的主要道路皆以石板铺成。

车祸。在狭小巷弄打转许久，才抵达民宿 Viviendas Turísticas Los Arrayanes。民宿的名字相当可爱，是西班牙经常见到的观赏花卉桃金娘，许多现存的西班牙宫廷花园内都能见到。民宿外墙为了降温全漆成了白色，但民宿主人一推开门，便显现出了里面温暖的色调与深色木质家饰，用的是西班牙南部乡村风格，非常温馨可爱。

白房子是安达卢西亚的特色，许多小镇都选盖在丘陵或山上，是因为以前经常遭受盗匪入侵，所以才把房子建在这些地方。当地人把窗户做深做小，墙壁加厚，阳光不易进入，可以使室内更加凉爽。虽然牺牲了自然光线，但西班牙南部的艳阳可不是开玩笑的，这便是当地人的生活智慧。

◎桃金娘民宿内洋溢着西班牙南部风情的暖色调，墙上有许多当地特色的碗盘做装饰。

◎阁楼上简单舒适的双床房。

◎大大的院子，墙壁漆成了热情的砖红色，还有个可爱的复古烧烤台，能自己在院子中烧烤。

桃金娘民宿内，为了迎合欧洲银发族的习惯，还配备了卫星电视和DVD播放器等，应该是间适合长期休假疗养的民宿。当然，基本的微波炉、冰箱和洗衣机也一应俱全。不免俗的，庭院中也有个充满异国风味的复古烧烤架，看来西班牙人也深爱烧烤这种欢乐的聚餐模式。屋里的摆设与色调，就跟西班牙国旗一样围绕在红、黄两色上，在隆达的艳阳下显得特别亮眼。

民宿主人是位当地的白发老先生，用着不太流利的英文介绍着房中的设备、使用方法。还很热心地拿着照片与地图，偶尔推推鼻子上的眼镜，一一在厨房餐桌上圈画出路线图，方便我们自行前往一些景点。也帮忙跟隔壁邻居打招呼，让车子能停在有凉荫的角落。老先生笑着说，现在是西班牙最热的时候，建议你们睡个觉，晚上七八点钟再出门。

久闻西班牙人的午睡时间很重要，看来果然名不虚传。自认是勤奋亚洲人的我们却一刻也不想待在民宿中，虽然大部分商店下午会休息，

◎烈日晒着大地，除了隆达的山谷低处，其余几乎都是被烤干的荒漠。

但我们早想到热闹城区逛逛了。中午一点，直射的太阳果然毒辣，刚出门不久，我们一行人就被逼着赶紧躲进还在营业的咖啡店吹冷气，以免中暑倒地。晚些时候回到民宿，民宿主人过来看看我们，悠悠地拿着一本旅游书解释给我们听："普通的西班牙人早上九点上班，下午两点到四点有午休的传统。全世界的人都以为我们很懒散，但这是因为第二次世界大战时弗朗西斯科·佛朗哥宣示与纳粹德国同心，将西班牙时区与德国占领的欧洲中部统一，使得西班牙时间比原来时间快了一小时。战争结束后，有人建议调回原来的时区，但大家早已习惯下午两点午餐、晚上九点晚餐的生活，就没有调回。再加上夏日最高气温可达50℃，很少有人愿意出门，商店干脆从两点至四点关店休息，其实跟懒惰无关。"

民宿主人表示，其实夏令时更节约时间，让日落时间延迟到了晚上十点，虽然晚饭时间延后了，但也相对拉长了营业时间，对西班牙旅游业也是个优势。我们看着外面的太阳，这天没 50℃，也差不多超过 40℃了，终于理解为何当地人中午需要睡上一觉了。既然每天的观光时间只剩下早晨与傍晚，我们只好第二天起个大早，中午两点前参观完景点。

◎早上八点的隆达，主要的街道 Carretera Espinel 上已经充满用早餐的人，吃着知名的西班牙油条，配着浓缩咖啡。

这间民宿离热闹城区有二十分钟的步行距离，所以晚间非常安静，一抬头就能看到美丽的星空，出门往左有一大片山谷田园，往右则是闹街 Carretera Espinel。虽然有厨房设施，大大的院子内也有烧烤台，但外头的美食让我们毫无煮饭的打算。一早就热闹无比的街上，早有许多咖啡店人来人往了，旅客们吃着知名的西班牙油条——一种油炸后再撒上大量砂糖的点心，无疑是体重杀手，但在美食国度想控制热量，根本是浪费了口福啊。于是我私心又加了一份美味的煎蛋卷，跟朋友们度过了一个幸福的早晨，至于控制体重，明日再说吧。

中午再度高升的艳阳，持续烧烤着斗牛场与街道，我们只好奔回民宿躲避。民宿内的洗衣机，倒是解决了一堆汗臭衣服的问题，主人还很贴心地准备了洗衣粉。看着一堆洗净的衣服挂在美丽的砖红色院子里，夏日的午后三点我突然萌生了睡意，这天我的午睡就在院子的凉荫下度过了。

隔日，我与旅伴走在架在断崖两侧的新桥（Puente Nuevo）上，看到对岸商店的墙壁上贴了一张老电影海报，在隆达似乎经常能看到这张海报的身影，回到民宿后，上网查了才知道是海明威《战地钟声》的电影海报。海明威曾任战地记者被派驻西班牙，因持续报道内战而有了这本小说的诞生。有名人效应，难怪隆达的观光客络绎不绝。但迷人的不止这些过往历史，住进民宿，体验当地人的生活，吃着当地人的食物，早上出门时跟在花园修剪的民宿主人热情打招呼，聊聊昨日吃了什么，用身体去感觉一地平日的脉搏，这种踏实感不亚于读史。

山城上的桃金娘民宿，是这趟旅游中最美的一朵小花。

◎隆达建于 1785 年，历史悠久的斗牛场，也是西班牙最古老的斗牛场。从民宿步行约十五分钟即可抵达。

订房工具：Booking.com 缤客
日期：2015 年 12 月
地点：摩洛哥 · 马拉喀什
房型：双人房 / 两张单人床
入住人数：两人
预算：一晚约人民币 360 元（含早餐）

◎马拉喀什的土质偏红，所以房屋才会呈现橘红色，因此被称为“红色之城”。

阿拉伯皇城内的一千零一夜
——摩洛哥 · 马拉喀什

老屋民宿：Riad Rose Meryam

摩洛哥的民居堪称老屋改建的典范，许多时尚的老屋民宿，将全世界观光客吸引到此。位于古城马拉喀什内，由一家人共同经营的 Riad Rose Meryam 民宿，提供传统的摩洛哥菜肴与新鲜现烤的早餐面包，还能直接体验摩洛哥厨艺教室。从民宿步行至知名的德吉玛广场只需二十分钟，民宿主人亦提供经典旅游路线的建议，这间民宿被评选为马拉喀什最佳民宿之一。

位于西北非的摩洛哥，跟西班牙仅隔着直布罗陀海峡，从西班牙那边的海岸搭船约 40 分钟就能轻易抵达非洲。但时间紧迫，我们这天一早在里斯本搭乘葡萄牙航空，两个半小时就抵达了摩洛哥四大古城之一的马拉喀什。马拉喀什（Marrakech）是欧洲人的后花园，由里斯本或其他南欧来的班机很密集，物价又低廉，尤其摩洛哥曾是法国的殖民地，所以法国游客特别青睐此地。

马拉喀什一词来自沙漠原住民——柏柏尔人（Berber），意思是“神域”。

很不幸，我们一落地就因为复杂的签证问题耽搁了近三小时。在等待海关放行的时候，当晚落脚之处 Riad Rose Meryam 的主人 Simo，持续发来短信表示关心，生怕在外头等待的出租车司机因不耐烦而离去。顺利离开机场后，面对司机不耐烦的脸色，我们只能回以无奈的苦笑。不到十分钟的车程，我们就抵达了红色之城马拉喀什。眼睛还来不及扫描这座城市，突然汽车转进了一条似乎只有打铁铺的巷内，司机用下巴指示我们下车。但漫天黄沙的巷子内，真的有我们今晚要下榻的民宿吗？ Simo 推开其中一个小门，他是一个身高一米九的高挑年轻人，直到他露出洁白牙齿微笑着问候我们的时候，我们才松了一口气。

推开民宿的小门，才发现里面跟外头是截然不同的世界，里面的世界宛如桃花源。这是一间由摩洛哥传统房舍 Riad 改造的民宿，中庭内

◎洋溢着北非风情的摩洛哥，阿拉伯人、柏柏尔人的文化在此交织出迷人的风貌。

还有个小小的喷水池，高挑的天井设计，隔开了外头的滚滚黄沙与热气。所谓的 Riad 源自阿拉伯语，是庭院之意，受到许多电影的影响，摩洛哥成为许多人追寻北非风情的旅游胜地，许多老 Riad 被改建成民宿或餐厅，因此深具摩洛哥风情的 Riad，成了外国人热衷体验北非风情的住宿地。Simo 说许多旅客害怕被司机带入奇怪的区域，但最美丽的 Riad 往往藏在麦地那（Madina，老城区之意）最隐秘的巷弄深处。

的确，这间民宿外头都是打铁铺与旧五金店，若不是门口有块小招牌，我们还真不敢走进来。Simo 的家小巧别致，中庭里用马赛克砖砌的喷泉，点缀上木制房门与彩色琉璃，花木扶疏的老房子仿佛巷弄内的一块绿洲。摩洛哥的 Riad 堪称老屋改建的典范，许多时尚的民宿纷纷将观光客吸引来此地。幸好，我一路上安排入住了很多 Riad，可以好好欣赏每间改造过后的老屋之美了。

◎ Riad Rose Meryam 民宿深具摩洛哥风情的中庭，喷泉的流水声也为房子带来了清凉感。

◎墙上布满阿拉伯风格的几何图案，充满北非的异国情调。

◎天井洒落的阳光，照亮了 Riad 每个角落，浓烈的色彩，搭配上精致手工古董桌椅，仿佛住在阿拉伯宫殿中。

◎一楼的双床房，每个角落都充满了色彩魅力。

传统 Riad 的元素都重现在 Simo 家中：独栋一户、能隔热采光与观星的挑高天井、中庭里的马赛克砖、地上铺设的波斯地毯、彩色琉璃、木制雕花窗台、每个房间的挑高大木门……而中庭的大理石喷泉，是穆斯林们进行朝拜时净身的必备水源。天井的设计相当聪明，不仅让中庭照明充足，光线经过中庭墙壁与地板反射后，再折射入每个房间，优雅却不刺眼，完美分配了光线。当地人对老旧民居不甚重视，反而是许多欧洲旅馆业者迷上了这股北非情调，跨海来抢购年久失修的 Riad，并经营起了民宿酒店，这股北非色彩的家居设计风，似乎正吹向全世界。

Simo 的家是摩洛哥最普通的民居形式，房门还有大小门之分，原来地处非洲的摩洛哥，也是有寒冷冬季的，夏天开启大门通风，冬天严寒时只开小门避免冷风灌入。Simo 的爸爸是法国人，妈妈是摩洛哥人，为了让世人了解摩洛哥民居的美，曾住在法国的他回到妈妈家乡，跟家人改造了这栋老宅，共同经营起了民宿。他的母亲和姐姐也在家里开办了料理教室，让有兴趣的旅客能体验手做塔吉锅（Tajine）料理，这是由游牧民族柏柏尔人带入摩洛哥的代表性料理。

传统摩洛哥人家中来了客人，便会用薄荷茶与自制甜点来招待，同时也为千里迢迢前来的旅客洗尘。摩洛哥的甜点稍微偏甜，搭配上无糖的热茶，在疲惫的午后非常提神醒脑。Simo 介绍了他和蔼的妈妈与姐姐，母女两人负责清扫与餐点，Simo 精通英语和法语，就负责民宿的接待与观光指引，一家人合作，亲密无间。Simo 说许多法国与摩洛哥通婚的夫妇，由于语言相通，也会选择在摩洛哥改造 Riad 后，一起经营民宿。

民宿附近就是马拉喀什最知名的市集——德吉玛广场，傍晚时分就开始聚集了弄蛇人、耍猴人、说书人、杂技团……更多的是凑热闹的围观群众。人声鼎沸、喧闹奇幻的景象，仿佛天方夜谭中的场景重现。据说十九世纪时，这里还是处决犯人的刑场，斩首后的人头就悬挂在城门上示警，对照今日热闹的模样，无法想象当年的恐怖程度。市集上除了卖膏药的江湖郎中，还有许多卖柳橙汁、石榴汁的小贩。摩洛哥人

◎民宿早上的面包都是主人妈妈亲手烘烤的，搭配上果酱、蜂蜜与现榨橙汁，就是款待客人的极致美味。

对镜头是很“警惕”的，你拿起镜头对准街头艺人或小贩时，一旦被他们发现，他们可会上前伸手索讨拍照费的。跟街头艺人过招后，我开始寻觅晚餐，有些摊位老板故意将水洒入通红的炭火，搞得烈焰冲天，吸引食客与镜头的注意；招揽客人的小哥们亲切可爱，个个使尽全力，堆满微笑想把客人留住。摩洛哥的原始魅力，每晚都在广场上演。

◎入夜后的马拉喀什，老城区的巷弄内弥漫着奇幻色彩，有种不真实感，仿佛进入了天方夜谭的场景里。

◎广场内贩卖热汤与饼的小食摊热气蒸腾。

初闯摩洛哥市集结束后回到民宿，虽然 Simo 的妈妈不会说英语，但很努力地比手画脚问我们吃饱没。洗完澡，我爬上露台眺望灯火通明的德吉玛广场，处在外围的民宿显得特别宁静，还能听到远处悠扬的诵经声，这一天到此终于沉静下来。第二天早上，我们享用了 Simo 妈妈亲手准备的早餐。现烘的面包，搭配上蜂蜜、酸奶与果酱，再来一杯热腾腾的薄荷茶，就开始了摩洛哥充满活力的一天。虽然只留宿了一日，但 Simo 很关心我们接下来前往撒哈拉沙漠的行程，给了许多实用建议。很感谢 Simo 一家带给我对摩洛哥美好的第一印象， 难以忘记在麦地那及蜿蜒巷弄中的穿梭探险。

重点提示

摩洛哥的民宿，名字中都会有 Dar 或 Riad，为“家”“庭院”之意。两者的差异点就是中庭的规模，Dar 的中庭通常只有喷泉，房间数量与规模较小；Riad 的中庭则有较多花草，面积也大许多。许多搬迁来摩洛哥的外国人买下后，经过整修改装，经营民宿，所以老板不一定是当地人。

订房工具：Booking.com 缤客
日期：2015 年 12 月
地点：摩洛哥 · 舍夫沙万
房型：双人房 / 一张双人床
入住人数：两人
预算：一晚约人民币 400 元（含早餐）

◎民宿 Dar Zambra 门口爬满葡萄藤，小巧可爱。

沉入一座蓝色山城
——摩洛哥 · 舍夫沙万

山城民宿：Dar Zambra

这是位于山坡上以古民居 Dar 改建的民宿，内外都是蓝城舍夫沙万的主色调。民宿提供经典的摩洛哥菜肴，以及丰盛的现做早餐。绝佳的地理位置，在屋顶一望无际的露台上，能眺望整个山城麦地那的美景，民宿中还有友好又乐于助人的员工，一切都值得长途跋涉来此。

摩洛哥有三色城：红色马拉喀什、蓝色舍夫沙万、白色卡萨布兰卡。我们沿路上经过了黄色的撒哈拉沙漠，彩色的菲斯，在第五天来到了美丽的山城舍夫沙万（Chefchaouen）。原以为神打翻了蓝颜料，只洒落在爱琴海的小岛上，现在发现有一部分意外落入了摩洛哥北边的舍夫沙万。每条小巷的蓝，深浅各有不同，甚至连出租车、公交车牌都是蓝色的！

从菲斯驾车来此约四个小时，山城盖在斜坡上无法驶入，想要爬上民宿的位置还需要费点力气。按响了民宿 Dar Zambra 的门铃后，我们发现，这是家很传统的摩洛哥民

◎摩洛哥北边的蓝色小城舍夫沙万。

◎商店外的粉状涂料，各种颜色与背景的蓝色自然契合。

◎舍夫沙万每个角落的蓝，深浅远近皆不同。

◎民宿入口，也是各种不同深浅的蓝。

宿，也是由主人一家经营的。当初会预订 Dar Zambra，就是看上了它的大露台，能眺望整个坐落在山腰上的舍夫沙万。这间名字内含有 Dar 的房子，规模的确比前几天的 Riad 小些，盖在山腰上，省去了喷泉，房间也较小，但布置得相当温馨可爱。民宿供应免费早餐与其他付费餐点，餐食也是由家中姐妹们负责的。

亲切的民宿主人英语只是尚通，还不到流利的程度，有点害羞，也不太主动攀谈，是个有问才有答的人。在摩洛哥入住民宿，主人照例都会请我们坐下喝杯茶，今日也不例外。我问为何整座舍夫沙万会漆成蓝色？主人努力用记得的单词，告诉我们，他说舍夫沙万在一百年前被西班牙占领过，直到 20 世纪五十年代才回归摩洛哥，起初漆成蓝色不是为了观光，而是因为老旧的排水系统排水不佳，容易滋生蚊子，人们自发地把房子与目光所及之处，全刷上了不同的蓝色用以防蚊。

舍夫沙万不愧是山城，入夜后的温度急剧下降，大多数旅客也躲回住处窝着，打开暖气度过漫漫寒夜。第二日一早八点，民宿主人已经将早餐备好，我表示想在露台上边看风景边享用，主人倒也很大方地帮我把桌子挪至露台。摩洛哥式早餐

◎民宿内可爱的一角，皆以蓝色为主题，怕吹风的人可待在室内用早餐。

◎屋顶露台晴天时非常凉爽，即使在此待上一天不外出也很惬意。

偏甜腻，小圆饼、烤面包、腌橄榄、果酱、蜂蜜等，以及必备的新鲜橙汁，整桌丰盛的菜色摆在各种蓝底花纹的桌巾上，令人胃口大开。从露台往下望山城，原本对于上来的山路有所埋怨，但晒着暖暖的太阳，静赏着眼前这片美景，我感觉一切辛苦都值了。早餐美味，房间干净舒适，员工友善热情，我很享受在民宿里的温暖时光。为了把这个山坡古宅变成如此美丽的民宿，想必民宿主人一定做了很多努力。

民宿主人说，来舍夫沙万的旅客通常向往着网络上流传的景色，但真正抵达山脚后，提着沉重行李往上看，往往因为害怕麻烦而改住山脚，他家民宿经常因此临时被取消预定。加上这里巷弄蜿蜒曲折，旅客抵达时通常也是满腹牢骚，更别说还有许多无赖假装善意帮提行李，借此勒索高昂的搬运费，因为这个败兴而归的人不在少数。民宿主人说，原本舍夫沙万就是个乡下地方，

◎民宿的早餐在风景绝佳的露台上享用，蓝色桌布与黄澄澄的烤饼形成对比色，美味又赏心悦目。

◎民宿门口懒洋洋起来看着镜头的猫儿，似乎我们打扰了它一早的好眠。走在迷人的蓝色街道上，每个旅客手上的相机根本无法停止按动快门。

近几年靠着观光魅力才吸引来这么多人，但本地难免有些害群之马，希望我们只记得这里的好。

走在舍夫沙万的石板路上，确实无处不散发着排水道的异味，但我却没发现太多蚊虫。也许全城刷成蓝色防蚊，只是个美丽的误传。媒体把舍夫沙万描写成一处宛如童话的山城，但毕竟这也只是当地人的居所。我想，旅客除了欣赏美景，

◎从屋顶露台望出去，山城风光尽收眼底。

也必须记得我们只是路过别人的生活，不该让想象超过现实。

一路上猫儿们或睡或卧，也有的回头瞄你一眼，似乎它们才是这座山城的主人。这里多层次的蓝实在太醉人，非得将相机的电池都耗尽了才肯回到民宿。摩洛哥人仿佛被色彩施了法，带着乐天可爱的笑容，豁达地面对所有来客。走的时候，我们开车上了山路，摇下窗回头望着这片蓝，觉得天空似乎转倒在地，所有人都走在晴空上，自己离去时的心情，也跟晴朗天空一样湛蓝明媚。

◎摩洛哥餐厅内的服务员，个个都身怀倒茶绝技，善于娱乐食客。

重点提示

摩洛哥的古城区非常容易让人迷路，欲前往民宿时，最好请民宿主人找人代为指路，以防有假借引路却行诓骗之实的人。

订房工具：Booking.com 缤客
日期：2017 年 12 月
地点：中国 · 成都
房型：双人房 / 一张双人床
入住人数：两人
预算：一晚约人民币 340 元

◎ "白色圆舞曲" 仅有米色、白色两种色调，从喧嚣的外面返回后，反而更喜欢这里的简单干净。

天府之国的城市小绿洲
——中国 · 成都

城市民宿：白色圆舞曲

位于成都锦江区的民宿"白色圆舞曲"，虽然在繁忙闹市区，但二十二层的楼高隔绝了地面的喧嚣，整体以淡雅的白色、米色为主色调，少了酒店的富丽堂皇，却涵盖了酒店必备的基本功能。结束一日紧凑行程后回到民宿，居高临下欣赏成都夜色，此刻的民宿仿佛才是专属于自己的小世界，比外面的世界多了点惬意。

为了飞往斯里兰卡途中中转时不浪费时间好好畅游，我选择了四川首府——成都，在此待上三晚。凡是踏足新的大城市，我喜欢选择一间位于地铁出口不远、饮食便利的中等价位酒店，因为这是多年差旅中总结出来的经验。但酒店住多了，心里总是痒痒的，想要多体验点新的选择，在订房网站搜寻酒店时，虽然已经决定好了目标，但订房网站总是会再跳出目标酒店附近的选择，延迟使用者预订的时机。

就这样，一间名叫"白色圆舞曲"的民宿突然映入眼帘，而且位置就

◎想在城市内住到有落地窗景的酒店很难，若是民宿就更难了。但位于二十二楼的民宿却有落地窗，很简单就能享受到蓝天。

刚好在选定的酒店旁，价格还要再低廉一点。一般来说，酒店的高楼层往往专属负担得起高级行政套房的人，但这间民宿的位置在一幢高楼的最顶层，这意思不就代表：用民宿的价格，入住高级行政套房，还能远眺成都夜景？所以我非得试试民宿不可，毕竟这是我头一遭入住城市内的民宿。

民宿规模不大，七个房间虽然规格不同，但都是白色基调，简单干净的装修少了多余的饰品，这就是好好睡一晚的基本条件。从地铁出来

◎大厅的设计，只留下最必要的家饰与收纳，线条清楚分明。

◎房间内没有多余的家饰，打上一盏温暖的灯光，回民宿就像回家一样温暖。

后，找到民宿的位置不太费力，搭电梯来到二十二层楼，走道右边透出温暖的黄光，应该就是民宿了。虽然已经是深夜十一点了，但柜台人员仍在等待，我跟着店员来到一间拥有观天窗户的夜景房，不太习惯这么“开放”的我，正烦恼在哪里找到拉上窗帘的机关时，柜台人员来敲门，告知房间带错了，又领着我到另一间格局方正的房间。我正欢欣终于不用烦恼隐私问题时，柜台人员又来敲门！满脸歉意的小哥送来了刚才带错房间的道歉礼——一瓶白酒还有酒杯。正好，房间合我意，洗澡后喝杯小酒，还能从房间眺望成都的高楼夜色。虽然隔壁就是当初想入住的酒店，但小巧的“白色圆舞曲”服务到位，在大城市内住民宿，也有惊喜的体验，刷新了我的观感。

第二天一早起床后，民宿不像酒店那样早已人来人往，大厅里安静得仿佛自己的家一样。在没人打扰的时间里，随手翻翻书柜，发现主人对极简风格的装修特别有兴趣，我翻出了好几本日式风格的室内设计书。这间民宿确实从大厅、走廊到房间，只有简单的线条与色调，没有多余的闲杂感，简单来说就是种小资情调。位于顶楼的民宿还有个好处——有个开放的露台，天气好时晚上能在此小酌，惬意感一点都不输隔壁的酒店。但除了民宿经营业务本身外，柜台人员忙进忙出地似乎还在进行着某种其他业务，要前往都江堰一游的我，还没搞懂就急着出门了。

◎柜台人员表示歉意而送来的酒，在房内自己小酌一杯惬意无比。

第三天清晨坐在大厅的圆桌旁，发现它居然是餐厅专用的那种圆桌。这时我终于搞懂了，原来这里不只是民宿，民宿主人还开了私厨呢。上网一查，“白色圆舞曲”在成都锦江区原来是家有名的私厨，是一个很私密的聚餐去处，想要吃到地道的四川菜，根本不用出门。除了川菜外，这里还能品尝到许多其他风味的私房菜色，若坐在外面的露台上用餐，晚上还能眺望成都的锦绣天府塔，到了夜晚，灯光划破天际，闪烁着各种颜色的光芒。

民宿主人说，这间民宿兼私厨的设计，所有细节都是她亲力亲为的。为了与清新的店名相得益彰，房间的设计简洁舒服，她把对生活的热爱，完美布置在民宿的每个细节中。民宿硬件设备也不马虎，每个房间用的都是温水便座。以往听到“民

◎这个房间似乎是民宿专门为准备求婚的住客而布置的。

宿”这个词，脑海还会莫名浮起一座乡间的可爱建筑，周围还有个农园或牧场，早起有新鲜的鸡蛋牛奶……从没想过一座在城市内的民宿，应该具备怎样的特色。这次来成都，偶然巧妙地发现“白色圆舞曲”的生存形态——结合私厨与民宿，以美味料理吸引来成都人，再以清新风格的民宿引来外地游客，这样的经营方式，以特色料理来补足城市民宿魅力的不足。

◎没有招牌的私厨，就隐身在成都热闹商业街的民宿内。

一次随意的预订，误打误撞选到了一家如此别致的民宿，难怪店员小哥能立马拿出一瓶白酒作道歉礼，第二天，厨房还端来一盘私房小菜请我品尝。既然民宿内有隐密的私厨，住宿跟吃饭问题都可以解决，我索性把晚餐也安排在此，不用外出在寒风中寻找吃饭的地方，吃到的私房菜色还能发照片给亲友们炫耀一下——我在成都也有这么熟门熟路的一天呢！民宿水平已经达到了这么高的境界，想必未来酒店业不能安稳度日了吧。持续挖掘好民宿，对我而言不仅是种挑战，挖宝的乐趣也在持续增加中，在这条路上我似乎已经很难回头……

◎民宿内有能从高处眺望成都景色的房间，喜欢开放感的人不妨试试。

重点提示

商住混合大楼需要与居民、单位职员共享电梯，在上下班高峰时间，电梯会非常抢手，住在这里需要尽可能避开这两个时段。

◎民宿内无止境的白，入住于此的最大感受就是随意自然。

订房工具：Booking.com 缤客
日期：2017 年 12 月
地点：斯里兰卡 · 加勒
房型：双人房 / 一张双人床
入住人数：两人
预算：一晚约人民币 370 元（含早餐）

◎位于加勒近海山区的四十年老屋民宿——和平花园，是当地避暑山区中的一栋传统别墅。

盛绿的印度洋珍珠
——斯里兰卡 · 加勒

古屋民宿：和平花园

利用当地四十年的老屋改造的民宿“和平花园”，位于斯里兰卡南部著名的古老城市——加勒。这里距离海边古城区只有两千米的山路，属于当地高档避暑住宅区，少了闹区的吵闹，多了一丝凉爽。老屋采用传统的四方通风设计，减少西、南面的暴晒来降温；以广大庭院隔开主干道，减少了噪声。民宿由来自中国的姐弟二人经营，因此还能吃到许多中式菜肴，对于长时间在斯里兰卡自助旅行的中国人来说，来到这里就仿佛回到了家。

◎南部古城——加勒，狭窄的巷弄让“嘟嘟车”这种便利的交通工具大行其道。

在未踏上斯里兰卡这块土地前，我对这个国家的印象只停留在“锡兰红茶”上。“锡兰”是斯里兰卡的旧名。

历经葡萄牙、荷兰与英国的统治，斯里兰卡当地建筑与饮食习惯也注入了西方气息。这里生长了丰富的热带岛屿植物，原始丛林内孕育了生气勃勃的动物群，种种得天独厚的条件，造就了这个美丽的小岛。“斯里兰卡”在当地的僧伽罗语中，即代表着“乐土”或“光明富庶的土地”，从这就能体会到斯里兰卡人对这块土地的自豪。

一开始计划自助行时，仅仅得知“加勒”是个坐落在岛屿南端的古城，在网上搜寻时，“和平花园”这个刚上线不久的民宿，虽然评论数不多，但住客的评分都很高，且都给了“位置”“ 餐饮”等项目相当高的分数，这吸引了我的注意。虽然民宿介绍是用英文撰写的，但提到了有会说中文的服务人员。我心想着：太好了，虽然用英文沟通没有障碍，但在开口时总像隔了一层口罩，表达与接收总会有落差。在斯里兰卡旅行一周后，总该给自己一个脑子休息的时间，于是就预订了三天的住宿。

出发前就知道斯里兰卡的交通费极为便宜，无论是搭火车还是乘巴士，即使上百千米的路程，花费也会低到不可思议。但便宜的代价是车上无空调、无座位，需要汗流浃背地与当地人争抢座位或紧贴胸口才能挤入车厢，上车后车门还均不关紧，以便随时揽客。车窗大开让人吸饱一路飞扬的尘土，下车时往往灰头土脸。我在建于英国人统治时期的科伦坡火车站，搭上当天前往加勒的倒数第二班火车，据说科伦坡到加勒这一段著名的海上火车，有着全球最美的沿海铁路美景。从车厢内就能看到铁轨贴着海岸而建，伴着海风的温柔味道，混杂着火车头飘出的煤油味，我们抵达了星夜中的加勒。

◎斯里兰卡在英国人统治时期所留下的火车，只是现在已不烧煤，以燃烧煤油为动力。

我们出站后拎着行李，搭乘嘟嘟车前往当晚的民宿——和平花园。对于这间民宿原本没有太多想象，拨通电话后才发现，民宿主人居然是一对中国姐弟。位于山坡上的民宿，从火车站搭乘嘟嘟车只要十分钟左右就到达，的确占了一个相当好的位置，又没有山下城镇的喧闹感。由于刚下火车非常灰头土脸，我只想赶快洗个澡上床睡觉。来开门的是个年轻人，用熟悉的中文把我们领进门，此时我突然大大地松了口气，觉得连日来应对陌生环境的警戒心都放下了。

民宿主人之一的弟弟表示，这栋老宅是当地历史悠久的房子，由他们姐弟俩租下来共同经营。斯里兰卡的建筑风格，有个明显的特色：造型方正的开放式空间，皆有宽大的落地窗户，除了能加强通风外，天井设计也能让室外的自然环境与内部紧密结合，充满了绿意与凉风。虽然斯里兰卡位于热带，但当地人擅长在居住环境中加入绿意，户里户外又通风良好，只要避开阳光就不至于酷热难挨。

◎斯里兰卡人喜欢在室内外加入绿意，映衬着传统的红色柚木，形成了鲜明又热情的风格。

老宅内似乎保留了屋主留下的全部陈设，大量的木制家具，沉稳的木质色调，看得出来历经了漫长的岁月。这个老房子内的一系列古朴家具，保养得相当良好，黄檀木的大床、柚木箱子与优雅的陶器，流露出主人的品味。现在的民宿主人租下后，似乎也没在陈设上做太多的改动，仅仅在墙面上点缀了一些当地风土人情的照片，在每间房门上挂上了富有禅意的名字，如“曼陀罗”“牛油果”等。每个房间也布置得简单而有格调，屋内到处都有精心布置的花，例如天堂鸟、睡莲等，让硬质的陈设多了一点馨香与柔软。

打开房门，我们惊喜地发现终于有蚊帐可用了。斯里兰卡室内外满是绿意，热带气候加上密集的草丛，蚊子的威力可不是开玩笑的，若没有蚊帐，容易招蚊子的人可就难眠了。虽然每间民宿的网页介绍上都秀出了蚊帐的照片，但只有这里真的用上了，难道当地人觉得夜晚蚊子叨扰是稀松平常的事情？洗个舒服的热水澡后，我立刻飞奔大床，不到十分钟就呼呼大睡，终于能一夜好眠了。

睡饱了觉，第二天我终于有精神好好绕房子一圈，仔细欣赏老宅之美了。此时民宿主人姐弟俩早已忙进忙出，在为住客们张罗早餐。今日的西式早餐除了必备的酸奶、烤吐司、果酱、水果、牛奶谷片外，还有斯里兰卡最为人所知的名产——锡兰红茶。满满一桌美食，我们吃得很畅快，也引来了小狗小猫的觊觎，它们睁着大眼等着我们分享食

◎和平花园相当丰盛的西式早餐，主人养的两只小猫与一只看门狗会准时跑来纠缠。

◎民宿也提供中式早餐，如稀饭、酱菜等，每日随食材不同而变换。

物。睡饱了，吃饱了，这是我在斯里兰卡最舒适的时光了。

听闻加勒的海鲜相当有名，岸边就有几个小渔港，能捕获金枪鱼、龙虾、斯里兰卡蟹等高级海鲜。我们一时兴起，问民宿主人能不能我们自购海鲜，请他们代为制作。民宿主人中的姐姐对自己的手艺相当有自信，笑着说当然没问题。原来姐弟俩除了经营民宿，也提供中式料理的预订，能依住客需求做饭。住客也能自行到海鲜市场购买海鲜后，转交给他们代为烹调，仅收少量服务费，还能指定数种料理方式。斯里兰卡料理海鲜，一般不是烧烤就是奶油煎煮，但我觉得还是中式清蒸，仅添加葱姜蒜提味的方式，才能吃到真正的鲜甜滋味。许多当地的华侨或民宿内的住客，都纷纷为了这种做法而来。民宿主人姐姐似乎做菜很起劲，不时从厨房飘出的菜香，让我想一尝她高超的手艺，每天我都会到山脚下的海鲜市场走走看看，想要碰碰运气，希望购买到刚捕上岸的螃蟹与龙虾。

◎当地建筑特色之一，就是屋檐内有整面落地窗，以及窗顶的通风口。光线只能斜射进来，屋内充满不刺眼的温暖明亮感。